A MULHER ORIENTADA PELO Espírito de Deus

Publicações
Pão Diário

A MULHER ORIENTADA PELO Espírito de Deus

Mulheres do Novo Testamento que a auxiliam em suas escolhas

ALICE MATHEWS

A WOMAN GOD'S SPIRIT CAN GUIDE:
New Testament Women Help You Make Today's Choices
by Alice Mathews
Copyright © 2019 Publicações Pão Diário
Todos os direitos reservados.

Coordenação editorial: Dayse Fontoura
Tradução: Dayse Fontoura
Revisão: Dalila de Assis, Rita Rosário, Lozane Winter
Projeto gráfico e capa: Audrey Novac Ribeiro

Dados Internacionais de Catalogação na Publicação (CIP)

Mathews, Alice
A mulher orientada pelo Espírito de Deus — As mulheres do Novo Testamento que a auxiliam em suas escolhas
Tradução: Dayse Fontoura
Curitiba/PR, Publicações Pão Diário

Título original: *A woman God's Spirit can guide*

1. Fé; 2. Vida cristã; 3. Confiança; 4. Mulheres

Proibida a reprodução total ou parcial, sem prévia autorização, por escrito, da editora.

Todos os direitos reservados e protegidos pela Lei 9.610, de 19/02/1998.

Exceto quando indicado no texto, os trechos bíblicos mencionados são da edição Revista e Atualizada de João Ferreira de Almeida © 2009 Sociedade Bíblica do Brasil.

Publicações Pão Diário
Caixa Postal 4190,
82501-970 Curitiba/PR, Brasil
publicacoes@paodiario.org
www.publicacoespaodiario.com.br
Telefone: (41) 3257-4028

Código: SU438
ISBN: 978-1-68043-488-0

1.ª edição: 2019 • 5.ª impressão: 2022

Impresso no Brasil

Para todas as minhas ex-alunas do Seminário Teológico Gordon-Conwell que agora carregam a tocha em nome de Cristo e de Seu reino. Avante!

Sumário

Introdução
Confiando na orientação do Espírito de Deus 9

Joana
O Espírito de Deus usa as dificuldades
para nos orientar 17

Dorcas
O Espírito de Deus usa nossas habilidades
para nos orientar 35

As famintas viúvas gregas
O Espírito de Deus nos orienta por meio
de exemplos negativos 47

Lídia
O Espírito de Deus nos orienta por meio
da insatisfação espiritual 61

Dâmaris
O Espírito de Deus nos orienta para a
verdade em uma cultura enganosa 79

Priscila e Áquila
O Espírito de Deus nos orienta em
eventos estressantes 95

Febe
O Espírito de Deus nos orienta
como servas líderes 107

Júnia[s] e Andrônico
O Espírito de Deus nos orienta por meio
de experiências que não valorizamos 123

Maria, Trifena, Trifosa, Pérside, Loide e Eunice
O Espírito de Deus nos guia por
diferentes caminhos 135

Evódia e Sintique
O Espírito de Deus nos orienta para nos
vermos como servas de Deus 153

Áfia e Filemom
O Espírito de Deus nos orienta em
uma aliança abençoada 167

Algumas vezes Deus orienta as mulheres
a entrar na liderança ministerial 183
Notas 203
Agradecimentos 207

INTRODUÇÃO

CONFIANDO NA ORIENTAÇÃO DO ESPÍRITO DE DEUS

VOCÊ JÁ LUTOU com a questão do que fazer para reconhecer "a vontade de Deus" para sua vida? Talvez tenha ouvido um professor ou pastor falar sobre "estar no centro da vontade do Senhor" ou "conhecer a vontade de Deus", no entanto, de alguma forma, escapou-lhe o como conectar-se a ela e entender o que isso realmente significa. Talvez esteja lutando com isso agora mesmo. Tem uma grande decisão a tomar e sente-se como se seu futuro estivesse pendurado por um fio a uma balança; não sabe qual a melhor escolha e precisa desesperadamente da orientação divina. Talvez esteja buscando seu propósito — o chamado de Deus para você nesta época de sua vida —, mas não tem certeza do que você tem a oferecer. Ou pode ser que almeje experimentar a presença e direção divinas mais claramente no decorrer das decisões corriqueiras do dia a dia. E agora adquiriu um livro intitulado *A mulher orientada pelo Espírito de Deus* na esperança de que ele derrame um pouco de luz sobre o que é ser guiada por Deus.

Este livro foi escrito para auxiliá-la nessa busca. Contudo, devo adverti-la: pode ser que você se surpreenda com as respostas

Introdução

que encontrará. Da mesma forma que fez com muitos personagens bíblicos, a orientação divina, muitas vezes, leva-nos a circunstâncias imprevisíveis, a descobertas surpreendentes e a escolhas que desafiam a cultura dominante. Se você realmente deseja ser uma mulher a qual o Espírito de Deus pode orientar, pode ser que vivencie o inesperado, mas não se aflija.

Acontece que a vontade não é um alvo a 50 passos à sua frente para o qual você, cuidadosamente, deve apontar sua única flecha, ou o perderá completamente. Deus não brinca conosco tornando Sua vontade para nós difícil de ser localizada e depois acertada em cheio. Ao contrário, Ele nos convida a um relacionamento no qual Ele abre uma porta agora, outra mais tarde e caminha conosco a cada passo ao atravessarmos cada uma dessas portas. Além disso, essas oportunidades são diversas para as diferentes mulheres em distintos tempos de nossa vida. Assim sendo, a vontade de Deus não é como as forminhas de cortar biscoitos que têm apenas um resultado possível. Por um lado, esse fato pode nos trazer alívio, mas, por outro, pode nos aterrorizar. *E se a vontade de Deus para minha vida ou a escolha que Deus quer que eu faça for algo que eu não desejo? Ou algo que tenho certeza de não conseguir fazer? Ou, e se isso se contrapõe a algo que fui ensinada?* As questões e a incerteza que você enfrenta podem ser desconcertantes, mas há a possibilidade de que também indiquem algo muito bom: Deus está agindo em sua vida fazendo algo novo, estendendo-lhe o convite para confiar a Ele seus questionamentos e o desconhecido.

Por exemplo, durante sua leitura bíblica, em algum momento você se deparou com algo no texto da Bíblia que a fez parar subitamente? Era algo totalmente inesperado, no entanto, lá estava na página bíblica. Já passei por essa experiência mais vezes do que posso contabilizar. Já me vi retornando muitas vezes a alguns versículos das Escrituras para ter certeza de que eu não os havia compreendido mal. Quando isso acontece, nossas ideias pré-concebidas podem ser drasticamente abaladas. E isso é bom! Em um sentido, a mesma dinâmica é verdadeira quando se trata de encontrar e seguir a vontade de Deus. Não há um único roteiro escrito para todos nós, e, na maioria das vezes, não há apenas uma resposta correta para as escolhas que enfrentamos. Em vez disso, nessas horas descobrimos que o Espírito de Deus nos tomou pela mão e nos mostrou algo que não havíamos pensado anteriormente, um novo caminho que conduz a uma direção inesperada.

O INESPERADO TRABALHO DO ESPÍRITO DE DEUS NAS MULHERES E POR MEIO DELAS

Uma direção inesperada e descobertas surpreendentes são exatamente o que encontrei há mais de 25 anos quando comecei a estudar e a ensinar sobre as mulheres da Bíblia. Nas páginas das Escrituras, descobri mulheres que atravessaram, de forma simples e corajosa, as portas que Deus lhes abriu. Foi então que comecei a vislumbrar uma série de três livros que explorariam como as mulheres da Bíblia se relacionavam com as três Pessoas da Trindade: Pai, Filho e Espírito Santo. Este livro é a última parcela desta série. O primeiro, *A mulher que Deus usa*, foi publicado pela primeira vez [em inglês] em 1990 e explora o que aprendemos das escolhas que as mulheres do Antigo de Testamento tiveram de fazer. O segundo, *A mulher a quem Jesus ensina*, foi publicado no ano seguinte e centrava-se nas mulheres a quem Jesus encontrou e ensinou enquanto Ele viajava pelas estradas empoeiradas dos arredores da Galileia, bem como indo e voltando de Jerusalém para as grandes festas da nação judaica. Agora que você já sabe que esses dois primeiros livros foram publicados há mais de 25 anos, pode estar se perguntando por que levei tanto tempo para concluir o último volume da série.

Eu queria ter escrito este livro anos atrás, mas sabia que precisaria de mais tempo para estudar os textos bíblicos antes de abrir meu notebook e começar a escrevê-lo. Se você já esteve numa situação na qual questionou aonde Deus poderia estar conduzindo-a, mas se deparou com obstáculos para cumprir a orientação divina, você pode hesitar enquanto aguarda por uma porta aberta. Era nesse ponto que eu estava naqueles anos passados à medida que estudava as mulheres nas igrejas do Novo Testamento para compor este livro. Continuamente encontrava mulheres do primeiro século que lideravam na igreja de maneiras que, possivelmente, não seriam confirmadas ou permitidas por algumas igrejas atuais. Enquanto estudava o apóstolo Paulo em suas variadas viagens missionárias, também percebi que ele frequentemente reconhecia e honrava algumas mulheres em suas cartas às muitas igrejas. Essas mulheres realizaram o inesperado, seguiram a orientação divina mesmo quando isso significava ir contra as expectativas religiosas e culturais da época. Além disso, elas eram líderes reconhecidas.

À medida que avançarmos observando as mulheres que Paulo menciona em suas epístolas, daremos uma olhada mais de perto ao assunto das mulheres na liderança ministerial. Por que o faríamos em um livro sobre seguir a orientação de Deus? Porque, se seguirmos os textos bíblicos, esse é, simplesmente, o lugar para onde um estudo das mulheres das igrejas do Novo Testamento nos leva. Se o apóstolo Paulo não tinha problemas com mulheres tal como Febe, Priscila, ou Júnia[s] liderando, porque deveria eu questionar como Deus as usou? Meu estudo nos conduz às histórias delas nas páginas a seguir.

Quer estudemos o Deus que conhecemos no Antigo Testamento, o Jesus nos evangelhos ou o Espírito Santo no restante do Novo Testamento, estaremos sempre falando do Deus triúno. Jesus ensinou a Seus seguidores em sua última refeição juntos, antes de Sua prisão, morte e ressurreição que Ele lhes enviaria o Espírito que continuaria Sua obra entre eles, guiando-os "a toda a verdade" (JOÃO 16:13). Para eles, há 2.000 anos, e para nós, atualmente, é o mesmo Espírito: podemos confiar no Espírito de Deus para nos ensinar o que é a verdade enquanto enfrentamos diariamente a vida em um mundo de falsidades.

A MULHER ORIENTADA PELO *Espírito de Deus*

Deus deseja que o conheçamos. Foi por isso que Jesus veio ao mundo: para nos revelar o coração de Deus. Em Sua vida e ensinos, enquanto aqui na Terra, Jesus personificou o Espírito de Deus. Conhecemos Deus porque o vemos em Jesus. Quando estudamos os quatro evangelhos, aprendemos muito sobre Deus por causa do que vemos em Cristo. Agora Jesus enviou o Espírito de Deus para nos guiar, para andar conosco, para nos ensinar e depois para agir por nosso intermédio para Cristo e para o Seu reino.

No entanto, para nos auxiliar na compreensão de como a orientação divina funciona, temos os exemplos concretos das mulheres do primeiro século que foram guiadas pelo Espírito de Deus de formas, às vezes, espantosas. Não devemos conjecturar sobre todas as maneiras pelas quais o Espírito de Deus pode estar nos conduzindo. Essas mulheres do primeiro século demonstram os muitos dos caminhos pelos quais o Espírito nos orienta e conduz.

O QUE SIGNIFICA SER UMA MULHER ORIENTADA PELO ESPÍRITO DE DEUS?

O Espírito de Deus (assim como o vento) se move em nossa vida e nos guia de formas diversas. Ele pode nos orientar por meio de nossas inabilidades, bem como de nossas habilidades. Algumas vezes, Ele nos conduz por meio de nossas circunstâncias, mas, em outras, abre portas a despeito das nossas circunstâncias. Outras vezes ainda, vemos a maravilhosa convergência de nossas preocupações e de nossas oportunidades que o Espírito de Deus usa para nos dirigir pelo caminho que tem para nós. E, às vezes, apenas devemos seguir adiante na escuridão, crendo que Deus está a nossa frente mesmo quando não conseguimos reconhecê-lo. Na verdade, descobri que, na maioria das vezes, tenho a tendência a reconhecer o Espírito me orientando pelo espelho retrovisor de minha vida. Isto é, vejo a mão de Deus depois do fato e de maneiras que eu não estava ciente no momento em que as situações convergiram para me empurrar em certa direção. Assim, o importante é que, quer

Introdução

no próprio momento ou depois, reconheço que o Espírito de Deus tem me orientado.

Este livro é sobre as muitas formas como o Espírito de Deus orientou as mulheres nas igrejas neotestamentárias. Pode ser que você se identifique com a experiência de uma delas e meneie a cabeça sobre a experiência de outra mulher sendo orientada pelo Espírito Santo. Tudo bem! A questão é a seguinte: o Espírito de Deus tratava as mulheres cristãs do primeiro século como indivíduos da mesma forma como nos trata individualmente hoje.

O que importa é que o Espírito já está trabalhando em nossa vida levando em consideração nossos contextos, dons e recursos singulares. Não perca de vista a mão de Deus nas circunstâncias que podem parecer normais de sua vida. Você é objeto do inesgotável amor de Deus, Aquele que não está distante, mas perto por intermédio do Espírito. Ele quer o melhor para você e está sempre agindo para guiá-la e orientá-la na direção correta. Você pode confiar-se a Deus, enquanto observa aquelas as manifestações de Deus em sua vida que são marcas da ação do Espírito em seu favor.

O que significa ser uma mulher que o Espírito de Deus pode orientar? No final das contas, resume-se a uma coisa: quando Deus abre uma porta inesperada ou emite um convite inesperado, diremos "sim"? Estamos dispostas a seguir aonde quer que a orientação divina nos leve (levar)? As mulheres do primeiro século que se tornaram líderes proeminentes nas igrejas eram aquelas que, passo a passo, disseram "sim" ao Senhor. Esse pode bem ser o único requisito para ser uma mulher guiada pelo Espírito de Deus.

Descanse confiando que responder afirmativamente a Deus não significa que nos encontraremos imersas em algo para o qual não temos habilidade ou interesse. O Espírito de Deus sempre trabalha com quem somos como indivíduos, do momento em que estamos na vida e no que pode ser um próximo passo natural para nós. Sei disso por experiência própria.

A MULHER ORIENTADA PELO *Espírito de Deus*

Anos atrás, enquanto eu ainda ministrava à juventude em nossa igreja, duas mulheres me convidaram para me unir a elas em um ministério de evangelismo com mulheres. Naquele momento, eu não tinha interesse particular em trabalhar com mulheres, mas ficou claro que era hora de dizer "sim" àquele convite. No processo, "descobri" as mulheres como meu ministério de vida. De lá para cá, isso foi sempre passo a passo, passo a passo. Comecei aprendendo tudo o que poderia sobre as preocupações e obstáculos enfrentados pelas mulheres. Aprendi como liderar estudos bíblicos especificamente voltados às necessidades femininas. Depois veio uma oportunidade de ministrar um curso sobre mulheres em um seminário local. À medida que as oportunidades de ensino se expandiam, senti-me conduzida a buscar estudos em um programa de doutorado que me levou a ainda mais oportunidades para ministrar a mulheres. Se alguém tivesse me dito tudo isso anos antes, para onde aquele primeiro "sim" eventualmente me levaria, eu ficaria embasbacada. Porém, o Espírito de Deus nos abre portas de forma tão natural que podemos responder afirmativamente a um novo desafio sem ficarmos estupefatas.

É assim que o Espírito de Deus nos guia: um passo por vez. É assim que guiou as mulheres do primeiro século que, mais tarde, tornaram-se líderes nas igrejas. É como Ele nos guia. Eu gostaria muito que você se unisse a mim enquanto caminhamos com o apóstolo Paulo e com outros ao redor do Império Romano, em meados do primeiro século. Algumas mulheres fascinantes estão trabalhando para Cristo e para Seu reino. Suas histórias nos relembram de que o Espírito Santo abre portas em lugares surpreendentes para mulheres que se dispõem a dizer "sim" para Deus.

Joana

O Espírito de Deus usa as dificuldades para nos orientar

DOT ERA MINHA melhor amiga e dividia o quarto do alojamento da faculdade comigo. Era dois anos mais velha que eu e exibia um espírito de "você pode" que me inspirava mesmo quando fazíamos coisas loucas juntas, ou conversávamos profundamente sobre assuntos eternos, ou ríamos das fraquezas humanas. Dot era franzina, mas nenhum desafio a levava a dizer: "Não consigo". Mesmo que suas mãos fossem tão pequenas que mal podiam cobrir uma oitava no piano, ela conseguia tocar *Polichinelle*, de Rachmaninoff, com vigor. Um dia, ela se convenceu de que Deus queria que ela o servisse como missionária. Estudou medicina para missões e depois ganhou um brevê para pilotar aviões. Após um breve noivado com um colega que se parecia com o Hulk, acabou se casando com seu melhor amigo de infância, o gentil Charles, e viajaram juntos para o leste da África onde planejavam passar toda a vida servindo na Eritreia.

No tempo certo, Deus lhes deu um filho. Contudo, após o nascimento de Mark, Dot — a invencível — descobriu que seus músculos não mais seguiriam suas ordens. Outros sintomas se instalaram, o que confundiu os médicos missionários. Quando foi enviada a Nova Iorque para obter um diagnóstico, ela descobriu que tinha esclerose múltipla, uma doença sobre a qual se conhecia muito pouco nos anos 1950. Aconselhada a mudar-se para Tucson, no Arizona, por causa do clima mais seco, Charles e Dot trocaram de marcha e se afastaram do sonho missionário para uma nova realidade. Como não estavam mais ligados a uma agência missionária, perderam toda sua fonte de renda. Como Charles conseguiria sustentar Dot e o pequeno Mark? À medida que a enfermidade avançava pelos próximos 15 anos, Charles ensinou em escolas públicas enquanto conquistava seu doutorado e, mais tarde, tornou-se um professor universitário de História. Mais adiante, na Sexta-feira Santa de 1971, Dot partiu para estar com Jesus deixando Charles, muitos amigos e eu aos prantos pela perda dessa mulher incrível.

Não compreendemos essas reviravoltas da vida. Ao mesmo tempo que a enfermidade de Dot mudou drasticamente o curso da vida do casal, eventualmente levou Charles de volta ao ministério na igreja, como pastor de uma congregação majoritariamente hispânica no Arizona. Não era o que Dot e Charles imaginaram muitos anos antes, porém, por meio de sua perda, Charles ainda conseguiu cumprir seu chamado, e um grupo de pessoas discriminadas recebeu liderança pastoral e cuidado de um pastor sábio e compassivo.

Algumas vezes quando olhamos no espelho retrovisor da vida, podemos vislumbrar como o Espírito de Deus tem agido por meio de nossas experiências mais dolorosas para alterar o curso de nossa vida. Isso não quer dizer que Deus seja o autor de nossos sofrimentos ou perdas. Vivemos em um mundo permeado de todo o tipo de infortúnio, e o apóstolo João nos lembra que "o mundo inteiro jaz no Maligno" (1 JOÃO 5:19). Como consequência, sofremos muita corrupção física e moral causada pelo "Maligno". No entanto, mesmo as enfermidades e as perdas podem ser redimidas e usadas por Deus para mudar a direção de nossa vida para um bom propósito.

A MULHER ORIENTADA PELO *Espírito de Deus*

CONHEÇA JOANA, UMA MOÇA JUDIA QUE SE CASOU EM UM PALÁCIO ROMANO

Provavelmente, Joana acabara de completar 14 anos quando se tornou esposa. Anos antes, seus ricos pais arranjaram um bom casamento para ela com um homem mais velho, um não-judeu chamado Cuza, que servia como procurador do rei Herodes Antipas. Esse casamento faria ela sair de seu círculo familiar e se mudar para o palácio do rei — para uma vida separada da maioria de seus amigos judeus. Isso também significaria aprender os modos romanos e, provavelmente, a falar em grego ou latim em vez do aramaico que ela usara desde sua primeira infância.

O casamento de Joana com Cuza aconteceu na província da Galileia, a região entregue ao governo de Herodes Antipas quando o pai deste — o rei Herodes, o Grande — morreu no ano 4 d.C. (LUCAS 3:1). Não satisfeito com as cidades e vilarejos da Galileia, Antipas decidiu construir uma cidade real junto a uma grande rota comercial e próxima às famosas fontes termais. Ele também queria lucrar do (com o) florescente comércio de peixes salgados provenientes do mar da Galileia. Escolher o melhor local perto dos portos pesqueiros exigia construir sobre um cemitério judeu, o que não desencorajou Antipas. Com seu suntuoso palácio, seu anfiteatro para espetáculos teatrais e seus banhos romanos, a nova cidade — denominada Tiberíades por causa do imperador Tibério — foi projetada nos moldes das grandes cidades do Império Romano. Mas, por causa de sua localização em cima de um cemitério judaico, muitos judeus devotos a boicotaram. Antipas viu-se forçado a trazer não-judeus para povoar a sua nova capital. Não temos qualquer evidência de que Jesus tenha entrado em Tiberíades.

Herodes Antipas casara-se com a princesa nabateana [N.T.: Os nabateus foram um antigo povo semítico, ancestrais dos árabes, que habitavam a região norte da Arábia, o sul da Jordânia e Canaã.] para consolidar o relacionamento com a nação em sua fronteira norte.

Joana

Porém, quando mais tarde se apaixonou pela esposa de seu meio-irmão, Herodes Filipe, ele se divorciou de sua esposa e casou-se com sua cunhada. (Este divórcio lhe custou uma guerra com seu insatisfeito vizinho ao norte.) Quando João Batista falou contra esse casamento ilegal, que violava a Lei de Deus (LEVÍTICO 18:16), Antipas o aprisionou. E quando o rei ficou enfeitiçado pela dança sensual da filha de sua esposa, ele lhe ofereceu qualquer coisa que ela pedisse. Então, teve de aquiescer ao seu pedido macabro de que a cabeça de João lhe fosse servida em uma bandeja.

Foi para dentro desse palácio que a jovem Joana se mudou depois de se casar com Cuza, o procurador do rei. O que sabemos sobre Cuza? Possivelmente, foi a política que ditou que esse procurador não-judeu precisava de uma esposa judia. Era costume, naquele tempo, que os casamentos fossem arranjados dentro dos círculos sociais e, provavelmente, Joana vinha de uma família judia rica e poderosa. Era o encaixe perfeito para o procurador do rei. Supostamente Joana passou os primeiros anos de casada em meio ao luxo romano.

UMA ENFERMIDADE E UMA DRÁSTICA MUDANÇA DE DIREÇÃO

Quando buscamos informações sobre Joana na Bíblia, encontramo-las pela primeira vez no evangelho de Lucas:

> *Aconteceu, depois disto, que andava Jesus de cidade em cidade e de aldeia em aldeia, pregando e anunciando o evangelho do reino de Deus, e os doze iam com ele, e também algumas mulheres que haviam sido curadas de espíritos malignos e de enfermidades: Maria, chamada Madalena, da qual saíram sete demônios;* e Joana, mulher de Cuza, procurador de Herodes, *Suzana e muitas outras, as quais lhe prestavam assistência com os seus bens.* (LUCAS 8:1-3, ênfase adicionada)

O quê? Uma mulher aristocrata do palácio do rei Antipas caminha com Jesus, Seus discípulos homens e outras mulheres? Como pode ser? Então, percebemos que Joana estava incluída entre as mulheres que haviam sido curadas de uma enfermidade física ou da alma. Em Lucas 8, não temos mais dados sobre ela. Não sabemos a natureza de sua doença ou como fora curada. Nem somos informados na Bíblia entre o lapso de tempo entre seu casamento com Cuza e o surgimento de sua enfermidade debilitante. Podem ter se passado muito anos. Lucas simplesmente nos diz que ela agora era parte do grupo de Jesus, indo de cidade a cidade enquanto Jesus pregava as boas-novas do Reino de Deus.

Pense no imenso abismo social que Joana teve que atravessar quando se mudou da classe alta herodiana em Tiberíades, a cidade real do governador romano, para perambular de cidade em cidade com Jesus, ouvindo-o ensinar e vendo-o curar os enfermos. Acostumada à vida do palácio e suas luxuosas amenidades, ela, mesmo assim, escolheu viver como parte do bando de pescadores e outros discriminados. E há uma boa chance de que ela não tivesse encontrado uma recepção calorosa entre eles. Como parte da distante aristocracia romana, que era odiada pela maioria dos galileus devido aos pesados impostos que Antipas impusera e por seu estilo de vida pagão próprio dos romanos, ela deve ter sido considerada "o inimigo". No entanto, arriscou-se mesmo assim visto que havia encontrado o seu Salvador. Percebera que o poder de Jesus para curar viera de Deus cujo reino Ele anunciava. Era um reino reverso, contrário a tudo o que ela conhecera sobre palácios, a realeza e o domínio real. Ele falava sobre amar não apenas os seus, mas amar também os inimigos. Era severo com as elites religiosas, porém terno com aqueles de espírito contrito. Havia também algo sobre esse reino de Deus que tinha a ver com renunciar ao status e à riqueza, em vez de exibi-los como prova do favor de Deus.

Joana tinha sido uma rica aristocrata em uma terra de pessoas pobres e oprimidas. Imagine o risco que assumiu quando mudou de seu círculo de elite para tornar-se apenas mais uma entre o povo comum com quem Jesus se associava. Richard Bauckham, um britânico erudito em Novo Testamento, observa que, para Joana, "unir-se a Jesus era uma conversão radical aos pobres".[1] Se não fosse pela doença incurável que incialmente a atraiu para encontrar-se com o judeu Operador de milagres sobre quem ouvira, provavelmente Joana jamais deixaria sua confortável vida no palácio real. Todavia, por meio de sua enfermidade, Deus a conduziu a Jesus. É assim conosco também: o Espírito de Deus pode usar nossos desafios mais difíceis para nos levar a novas e inesperadas direções.

A VIDA COMPLEXA DAS MULHERES NO ISRAEL DO PRIMEIRO SÉCULO

No antigo Oriente Médio, as mulheres frequentemente eram isoladas em suas casas e mantidas fora da vista. Por quê? No judaísmo legalista praticado pelos escribas e fariseus nos tempos do Novo Testamento, as mulheres eram frequentemente consideradas inerentemente perigosas e corruptas, responsáveis pelo mal no mundo visto que Eva havia iniciado o comer do fruto proibido (GÊNESIS 3:6). Não importando o fato de que Adão se uniu à festa do fruto proibido sem hesitar![2]

Pelos padrões morais do primeiro século, quando as mulheres estavam fora de casa, elas eram consideradas como pouco mais do que uma tentação sexual para os homens. Por esse motivo, alguns fariseus estavam tão determinados a não ter contato com elas que nem cumprimentariam sua própria mãe se a vissem na rua. De fato, um grupo de fariseus era conhecido como "os sangrentos" por andarem de olhos fechados a fim de evitar ver uma mulher em um evento público mesmo que à distância. Por isso, chocavam-se contra paredes sofrendo cortes e escoriações. O sangramento resultante era marca de sua superior recusa moral em ser tentado ao avistar uma mulher.

A MULHER ORIENTADA PELO *Espírito de Deus*

Além de serem isoladas e vistas como ameaça moral, as mulheres também eram consideradas indignas de aprender a Lei de Deus. O rabi Eliezer declarou: "Se um homem der à sua filha o conhecimento da Lei, é como se tivesse lhe ensinado a depravação" (M. SOTÁ 3:4). Jose ben Johnan, de Jerusalém, ensinava: "Aquele que fala muito com as mulheres traz sobre si mal, negligencia o estudo da Lei e, por fim, herdará o Geena" (M. ABOT. 1:5). Aos olhos de muitos judeus, ensinar a Lei Mosaica a uma mulher não era apenas desnecessário; era absolutamente errado.

À luz dessas atitudes malignas para com as mulheres, podemos ficar chocadas ao ver que algumas delas viajavam por toda a Galileia com o grupo de Jesus. Elas eram ousadas ou simplesmente imprudentes? Como o Espírito de Deus orientou e influenciou suas impressionantes escolhas? Como é que elas parecem ser respeitadas em vez de banidas por suas comunidades? E como a escolha humilde e corajosa delas alterou suas vidas?

As mulheres que conhecemos em Lucas 8 eram muito mais complexas do que, às vezes, imaginamos. O que era verdade para uma não o era para as outras, e elas podiam viajar publicamente com Jesus e Seus discípulos por causa de quem eram — mulheres de posses e privilégios. Lucas nos diz que Maria Madalena, Joana, Susana e muitas outras prestavam assistência com os seus bens a Jesus e Seus discípulos (LUCAS 8:3). Elas tinham acesso à riqueza e estavam em posição de contribuir generosamente com Jesus.

Lucas nos revela que o apego delas a Jesus brotou do que Ele já havia feito por elas: Ele as curara. Sua gratidão ao Mestre as levou à decisão de usar seus recursos para financiar Seu ministério. Assim, encontramos essas mulheres viajando com Jesus e Seus discípulos homens em suas jornadas pelas cidades e vilarejos próximos ao mar da Galileia. As línguas se agitaram? Os aldeões ficaram escandalizados? Para entender como essas mulheres puderam viajar com Jesus e Seu grupo sem causar escândalo ou criticismo da comunidade, precisamos saber algo sobre a "caridade" e como isso protegia os doadores da desaprovação pública no primeiro século.

O erudito em Novo Testamento, Lynn Cohick, afirma que o exercício da caridade era cego às questões de gênero. Se o que uma mulher fazia contribuísse para o bem comum, isso lhe permitiria se locomover livremente em público. Pelo fato de Jesus curar multidões, essas mulheres estavam possibilitando que isso acontecesse pelo apoio financeiro que davam ao Seu ministério. A posição social de Joana lhe permitia viajar livremente com Jesus visto que seu suporte financeiro possibilitava que algo bom beneficiasse muitas pessoas pobres.

Contudo, a presença de Joana no grupo pode ter trazido outro benefício. Quando lemos os primeiros capítulos dos evangelhos de Mateus, Marcos ou Lucas, notamos que todo mundo fazia fofoca sobre esse admirável realizador de milagres, Jesus. Grandes multidões o seguiam por onde quer que fosse, e Ele estava sempre ocupado, dia e noite, curando os doentes e expulsando demônios de pessoas aflitas. As notícias sobre Ele estavam na boca de todos, e até o rei Antipas ficou curioso e queria ver Jesus em ação (LUCAS 23:8). Embora, desde o início, muitos escribas e fariseus condenaram Jesus por Sua ações e ensinos, Suas boas obras em todas as cidades e aldeias na Galileia o protegeram da ira daqueles líderes religiosos. A ligação de Joana com o grupo de Jesus pode também ter lhes reservado alguma proteção até mesmo do palácio.

No entanto, Jesus não ficou apenas na Galileia. A cada ano, Ele viajava a Jerusalém, na Judeia, para uma das grandes festas da nação. Era lá que os líderes religiosos judeus poderiam traçar esquemas para encontrar meios de ver Jesus morto. Não apenas os doze discípulos, mas também todo este grupo de mulheres acompanhavam Jesus naquelas jornadas a Jerusalém. A história de Sua última viagem a essa cidade toma muito espaço dos quatro evangelhos. No de João, por exemplo, dois terços do livro (do capítulo 7:10 até o capítulo 20) detalham aqueles últimos dias de ensinamento em Jerusalém, a prisão de Jesus, Seu julgamento, Sua crucificação e finalmente Sua ressurreição.

Joana participou desse grupo até o final. Nós a encontramos observando Jesus morrer no Gólgota (MARCOS 15:41). Se você estivesse no lugar dela, como se sentiria naquele momento? Ela e as outras mulheres haviam investido seus recursos no ministério do Mestre e agora Ele morria na cruz. Ele as resgatara de suas enfermidades debilitantes. Ensinara-lhes o caminho para Deus. Dera-lhes a esperança do reino de Deus. E agora? Joana e as demais mulheres não podiam fazer nada senão assistir a lenta e agonizante morte de seu Senhor.

Até mesmo na morte de Jesus, essas mulheres tinham mais um ministério a desempenhar: Seu corpo devia ser ungido adequadamente. Seria arriscado. De fato, fazê-lo poderia incorrer na ira do governador romano. Mas devia ser feito, e elas *queriam* fazê-lo. O amor delas por Jesus as compelia a dar a Seu corpo um enterro digno. Lucas nos diz:

> *As mulheres que tinham vindo da Galileia com Jesus,*
> *seguindo, viram o túmulo e como o corpo fora ali depositado.*
> *Então, se retiraram para preparar aromas e bálsamos.*
> *E, no sábado, descansaram, segundo o mandamento.*
> (LUCAS 23:55,56)

Então, antes do amanhecer, na manhã seguinte ao *Shabbat*, essas mulheres voltaram ao túmulo para completar a tarefa que tinham diante de si.

Enfrentavam o que parecia ser uma situação impossível. Os líderes religiosos judeus insistiram que o sepulcro fosse selado e que uma guarda romana fosse colocada em frente a ele para que os seguidores de Jesus não roubassem o corpo e afirmassem que Ele estava novamente vivo. Como essas mulheres lidariam com aquela caverna selada e com os soldados romanos? Esse era o dilema delas.

Mas essas mulheres eram determinadas! Nada, nem mesmo as potenciais ameaças e os obstáculos desconhecidos diante delas, poderia impedi-las de ir àquele sepulcro selado. Quem eram as mulheres predispostas a essa perigosa missão? Combinando as listas dos quatro evangelhos, sabemos que o grupo incluía Maria Madalena; Joana, esposa de Cuza, procurador de Herodes; Susana; Maria, a mãe de Jesus; Maria, a esposa de Clopas; Maria, mãe de Tiago e de José, e Maria, a mãe dos filhos de Zebedeu. Exceto Maria Madalena e Susana, todas essas mulheres eram casadas e a maioria era mãe de filhos adultos. De todas as testemunhas da crucificação, elas eram as mais constantes durante todo o sofrimento e morte de Jesus. Foram as últimas ao pé da cruz e no túmulo e as primeiras testemunhas da ressurreição de Cristo.

ÚLTIMAS DIANTE DO TÚMULO, PRIMEIRAS A ANUNCIAR A RESSURREIÇÃO DE JESUS

Lucas registra o que ocorreu em seguida:

> *Mas, no primeiro dia da semana, alta madrugada, foram elas ao túmulo, levando os aromas que haviam preparado. E encontraram a pedra removida do sepulcro; mas, ao entrarem, não acharam o corpo do Senhor Jesus. Aconteceu que, perplexas a esse respeito, apareceram-lhes dois varões com vestes resplandecentes. Estando elas possuídas de temor, baixando os olhos para o chão, eles lhes falaram: Por que buscais entre os mortos ao que vive? Ele não está aqui, mas ressuscitou. Lembrai-vos de como vos preveniu, estando ainda na Galileia, quando disse: Importa que o Filho do Homem seja entregue nas mãos de pecadores, e seja crucificado, e ressuscite no terceiro dia. Então, se lembraram das suas palavras. E, voltando do túmulo, anunciaram todas*

estas coisas aos onze e a todos os mais que com eles estavam. Eram Maria Madalena, Joana e Maria, mãe de Tiago; também as demais que estavam com elas confirmaram estas coisas aos apóstolos. Tais palavras lhes pareciam um como delírio, e não acreditaram nelas. (LUCAS 24:1-11)

Essas mulheres, por não terem se acovardado diante do perigo, foram as primeiras a anunciar a ressurreição de Jesus a Seus discípulos — a maioria dos quais havia fugido da cena de Seu julgamento e Sua crucificação temendo que seriam os próximos a morrer brutalmente. Lendo o final dos capítulos de cada evangelho, vemos como foi difícil para os onze discípulos — os mais próximos a Jesus durante todo Seu ministério — compreender o que realmente aconteceu. Depois da ressurreição, aparição após aparição durante refeições a portas fechadas, ou a céu aberto à costa do mar, Jesus repetidamente comentou sobre a lentidão deles em crer naquilo que seus olhos claramente viam. Eis como Lucas descreve um desses encontros:

> *Eles, porém, surpresos e atemorizados, acreditavam estarem vendo um espírito. Mas ele lhes disse: Por que estais perturbados? E por que sobem dúvidas ao vosso coração? Vede as minhas mãos e os meus pés, que sou eu mesmo; apalpai-me e verificai, porque um espírito não tem carne nem ossos, como vedes que eu tenho. [...] E, por não acreditarem eles ainda, por causa da alegria, e estando admirados, Jesus lhes disse: Tendes aqui alguma coisa que comer?* (LUCAS 24:37-39,41)

Não foi assim com as mulheres que seguiram Jesus desde a Galileia, entre elas Joana. E Deus recompensou a fidelidade delas com a prova positiva dos anjos que as instruíram no túmulo vazio. Qual era a fonte dessa fidelidade? Em cada caso, essas mulheres tinham uma experiência pessoal com o amor e a graça de Deus por meio das ações do Seu Filho, Jesus. Para Joana e as demais, foi o toque curador que as libertou de uma doença debilitadora. Nas palavras de um pequeno cântico que entoávamos nas igrejas nos anos 1950:

*Como posso fazer menos
Do que dar meu melhor
E viver inteiramente para Ele,
Depois de tudo o que Ele fez por mim?*

Tocadas pela graça divina, essas mulheres jamais vacilaram em seu comprometimento com o bem-estar de Jesus, tanto em Sua vida como em Sua morte. A recompensa delas foi se tornarem as primeiras evangelistas, as primeiras a anunciar a ressurreição de Jesus e a graça divina estendida a todos os que cressem nele.

A história de Jesus continua. Após 40 dias aparecendo aqui e ali (em determinada ocasião, a mais de 500 de Seus seguidores de uma única vez, conforme registrado em 1 Coríntios 15:6), Jesus comissionou Seus seguidores com estas palavras:

Toda a autoridade me foi dada no céu e na terra. Ide, portanto, fazei discípulos de todas as nações, batizando-os em nome do Pai, e do Filho, e do Espírito Santo; ensinando-os a guardar todas as coisas que vos tenho ordenado. E eis que estou convosco todos os dias até à consumação do século. (MATEUS 28:18-20)

Em Seu último encontro com Seus seguidores, Jesus lhes prometeu:

...recebereis poder, ao descer sobre vós o Espírito Santo, e sereis minhas testemunhas tanto em Jerusalém como em toda a Judeia e Samaria e até aos confins da terra. (ATOS 1:8)

A MULHER ORIENTADA PELO *Espírito de Deus*

Enquanto eles observavam, Jesus foi "elevado às alturas, à vista deles, e uma nuvem o encobriu dos seus olhos" de forma que eles não mais puderam vê-lo. Ao retornar para Jerusalém e para o cenáculo onde estavam, "todos estes perseveravam unânimes em oração, com as mulheres, com Maria, mãe de Jesus, e com os irmãos dele" (ATOS 1:9,14).

Perceba que as mulheres não retornaram à Galileia a fim de continuar com sua vida anterior. Não haviam desaparecido. Foram fiéis às últimas instruções de Jesus — permanecer em Jerusalém até que o Espírito de Deus viesse sobre eles para que exercessem o ministério. O grupo crescente, agora de 120 pessoas, orava fervorosamente por isso. Atos 2 descreve a cena naquele cenáculo:

> *Ao cumprir-se o dia de Pentecostes, estavam todos reunidos no mesmo lugar; de repente, veio do céu um som, como de um vento impetuoso, e encheu toda a casa onde estavam assentados. E apareceram, distribuídas entre eles, línguas, como de fogo, e pousou uma sobre cada um deles. Todos ficaram cheios do Espírito Santo e passaram a falar em outras línguas, segundo o Espírito lhes concedia que falassem.* (ATOS 2:1-4)

Lucas é claro ao dizer que todos os 120 homens e mulheres naquele aposento foram cheios pelo Espírito Santo. Eles, então, espalharam-se pelas ruas de Jerusalém com a surpreendente notícia sobre Jesus.

Não ouvimos muito sobre essas mulheres novamente, tampouco da maioria dos primeiros discípulos homens. A história da Igreja Primitiva muda para Pedro e depois para Paulo por todo o restante do Novo Testamento. No entanto, se continuarmos lendo Atos 2, veremos que, à medida que cada um foi cheio com o Espírito Santo, eles ou elas "passaram a falar em outras línguas, segundo o Espírito lhes concedia que falassem" (v.4). Por quê? Por uma razão muito importante!

O Pentecostes era uma das três mais importantes festas anuais judaicas, e os judeus de todo o mundo conhecido viajavam a Jerusalém para as celebrações. Jerusalém, no primeiro século, era uma cidade relativamente pequena com nada mais que 55 mil habitantes. Porém, por ocasião das grandes festas, os peregrinos que lá chegavam mais que triplicavam a população para aproximadamente 180 mil. O tempo de Deus foi perfeito!

As pessoas ficaram totalmente surpresas. "Como pode ser?", perguntaram. "Vede! Não são, porventura, galileus todos esses que aí estão falando? E como os ouvimos falar, cada um em nossa própria língua materna? Somos partos, medos, elamitas e os naturais da Mesopotâmia, Judeia, Capadócia, Ponto e Ásia, da Frígia, da Panfília, do Egito e das regiões da Líbia, nas imediações de Cirene, e romanos que aqui residem, tanto judeus como prosélitos, cretenses e arábios. Como os ouvimos falar em nossas próprias línguas as grandezas de Deus?" (ATOS 2:5-11).

A pequena Jerusalém estava lotada de pessoas de todas as partes do mundo conhecido. Seria somente em uma das festas de peregrinação do calendário judaico que a cidade teria uma plateia como aquela para a qual Pedro pregou sobre Jesus. Uma semana mais cedo ou mais tarde, a cidade estaria imersa em sua população usual. Mas não no Pentecostes! Todo o mundo possuía representantes que podiam ouvir as boas-novas em seu próprio idioma. As mulheres galileias eram parte desse grupo de proclamadores, capacitadas pelo Espírito de Deus para anunciar Jesus àqueles que levariam as boas-novas consigo por milhares de quilômetros enquanto voltavam para suas casas.

O ESPÍRITO DE DEUS EM AÇÃO

Como o Espírito de Deus orientou Joana e as demais mulheres? No caso delas, Deus começou com sua necessidade mais clara e óbvia. Cada uma tivera algum tipo de enfermidade para a qual precisavam de cura. Jesus atendeu a essa necessidade e as curou. O Senhor não apenas curou Joana fisicamente, mas Sua vida e Seus ensinos a transformaram emocional e espiritualmente, dando-lhe novos valores e um novo propósito na vida.

Em resposta à graça que essas mulheres receberam de Jesus, elas abandonaram o conforto de suas luxuosas casas para viajar e ministrar com Ele por toda a Galileia e indo e voltando para Jerusalém para as grandes festas judaicas. Quando os discípulos fugiram de medo dos líderes religiosos judeus, as mulheres permaneceram presentes e constantes — ao pé da cruz, do túmulo e depois da ressurreição e ascensão de Jesus. Por sua fidelidade, estavam incluídas naquele primeiro grupo de homens e mulheres cheios com o Espírito que compartilharam as boas-novas com outras pessoas que levariam essas boas-novas até os recantos do mundo onde moravam.

Imagine o gigante passo de fé que Joana tomou quando deixou o palácio para viajar pelos campos da Galileia com um bando de pescadores discriminados e dependentes dos recursos dela. Você pode compreender o abismo entre sua vida anterior e aquela que ela escolheu como seguidora de Jesus? Embora acostumada a comidas requintadas, roupas caras e servos para realizar todos os seus desejos, ela abraçou a nova vida de serviço a outros. Mas para ela esse passo a levou à riqueza que nenhum palácio poderia oferecer. No começo de sua caminhada com Jesus, ela não sabia quais oportunidades ou desafios estariam à sua frente. Mais tarde, encontraremos Joana novamente neste livro, em uma vida que a levou além da mais incrível imaginação. Na Galileia, ela sabia apenas que havia encontrado o Salvador do mundo e que Ele a transformara para sempre.

O Espírito de Deus, muitas vezes, usa nossas mais profundas necessidades como um trampolim para nos orientar a uma vida nova que podemos encontrar em Jesus Cristo. Quando experimentamos essa nova vida, respondemos em amor e gratidão como as mulheres que viajavam com Jesus. Assim como elas, queremos servir no reino de Deus com qualquer dom que nos tenha sido dado. Para a maioria de nós, abraçar a vida de serviço provavelmente não requererá uma mudança tão drástica quanto a que Joana experimentou. Todavia, quando o Espírito de Deus nos orienta, muitas vezes, acabamos passando por portas de oportunidades que nos pegam de surpresa. No processo, descobriremos habilidades dentro de nós que não tínhamos ideia de possuir. Ou nos tornaremos cientes de oportunidades que não consideraríamos anteriormente. Nós nos encontraremos em situações que nos surpreenderão com suas novas possibilidades. Quando isso acontecer, podemos ter certeza de que é Deus agindo, orientando-nos a novas avenidas de serviço ao nosso Senhor. Quem sabe qual porta de oportunidade pode ser a sua?

Questões para reflexão pessoal ou grupo de estudo

1. O que mais chama sua atenção na história de Joana e das outras mulheres do grupo de Jesus? De que maneiras a história delas a encoraja ou desafia?

2. Como você reage à ideia de que o Espírito de Deus usa nossas dificuldades para nos orientar? No geral, esta é uma ideia que você acha perturbadora ou consoladora? Por quê?

3. De que maneiras você diria que o Espírito de Deus usou suas dificuldades passadas para guiá-la? Que oportunidades ou crescimento não antevistos você vivenciou como consequência disso?

4. De que formas o Espírito de Deus pode estar usando alguma dificuldade atualmente para orientá-la neste momento de sua vida — para aproximá-la de Jesus, para crescer na fé ou para desenvolver dons ou abrir novas oportunidades de serviço?

Reflexão pessoal

Dorcas

O Espírito de Deus usa nossas habilidades para nos orientar

Como uma adolescente que havia sido criada na igreja minha inquietante pergunta era: "Como posso descobrir a vontade de Deus para minha vida?". Eu não era a única com esse questionamento. Em nosso grupo de jovens, ainda que raramente tivéssemos ajuda prática de nossos líderes neste quesito, esse era um assunto sobre o qual muitos de nós conversávamos quando eles estavam ausentes. Parecia que tanta coisa dependia dessa resposta! Para nós, estas pareciam ser questões de vida ou morte: *No que devo me formar na faculdade? Há algo que eu poderia estar fazendo agora mesmo em preparação para esse futuro? E se a vontade de Deus para mim acabar sendo algo que eu deteste? E se a vontade de Deus for uma linha tão fina na vida que, se eu perdê-la, estarei condenado?* Eu desejava usar minhas habilidades de forma que seriam significativas para os propósitos de Deus. No entanto, como poderia saber se estava no trilho certo?

O que aprendi desde lá é que não precisávamos ter receio de não perceber a vontade de Deus. Fomos munidas por Deus com dons e habilidades que, de um jeito ou outro, e no tempo certo, abrirão as portas certas para nós. Nossa tarefa primordial pode ser simplesmente aperfeiçoar esses dons à medida que as oportunidades surgem. No processo, confiamos em Deus para nos orientar a usar tais capacidades para os propósitos divinos.

COMO UMA COSTUREIRA JUDIA CHAMADA DORCAS DISCERNIU A VONTADE DE DEUS

Venha comigo, em sua imaginação, a uma pequena cidade fronteiriça em Israel chamada Jope. Sua fama deriva-se de ter sido um dos portos mais antigos, em operação, do mundo. Se você se lembrar da história de Jonas no Antigo Testamento, foi deste porto que ele embarcou em um grande navio cargueiro que o levaria para tão longe quanto possível da vontade de Deus (JONAS 1:3). Contudo, nos tempos do Novo Testamento, o porto de Jope servia principalmente aos muitos pescadores da cidade. E, pelo fato do mar Mediterrâneo ser de difícil navegação para aqueles que dele viviam, Jope perdia muitos desses pescadores, deixando para trás viúvas e órfãos.

É em Jope que encontramos uma mulher conhecida por dois nomes: Tabita e Dorcas. O primeiro, era seu nome em aramaico, era como o apóstolo Pedro a chamava porque ambos viviam em Israel e falavam aramaico. Mas Lucas, escrevendo seu relato à Igreja Primitiva (Atos dos apóstolos), a chamava por seu nome grego, Dorcas. Lucas era gentio, não um judeu, e escreveu tanto o evangelho que leva seu nome quanto Atos dos apóstolos para um grego chamado Teófilo. No final das contas, ambos os livros eram endereçados principalmente aos gentios. Hoje esse nome duplo seria semelhante a se referir a Pedro como "Peter" quando falando a um anglo-saxônico. A mesma pessoa, nomes diferentes em línguas diferentes. "Tabita" (em aramaico) e "Dorcas" (em grego) significavam a mesma coisa: "gazela", um antílope pequeno, gracioso e de olhar meigo.

Assim, conhecemos Tabita/Dorcas na carta de Lucas a Teófilo: "Havia em Jope uma discípula por nome Tabita, nome este que, traduzido, quer dizer Dorcas" (ATOS 9:36). A palavra *discípula* não captura a riqueza da palavra grega usada por Lucas para descrevê-la. Ele a identificou como *mathetria*, uma ávida aprendiz. Dorcas foi além de assentir intelectualmente à mensagem cristã; ela aprendia tudo o que podia sobre a vida e os ensinos de Jesus e colocava esse aprendizado em prática consistente. De que maneira a vida dela demonstrava isso?

Lucas continua: "era ela notável pelas boas obras e esmolas que fazia". Que tipo de "boas obras" ela fazia pelos outros? Usava sua habilidade como costureira para vesti-los. Quando ela morreu inesperadamente vemos que o cenáculo estava cheio de viúvas que "o cercaram, chorando e mostrando [a Pedro] túnicas e vestidos que Dorcas fizera enquanto estava com elas" (ATOS 9:39). Dorcas *agia*. Ela se preocupava com as necessidades práticas daqueles que eram pobres demais para se autossuprir.

Ela segurava uma agulha de costura em sua mão e, em seu coração, uma profunda preocupação e compaixão pelos pobres e pelas viúvas em Jope. Usando suas habilidades e compaixão, o Espírito de Deus a guiou diretamente a uma oportunidade — usar sua agulha para tratar de um problema sério em sua comunidade.

No entanto, voltemos à sua morte inoportuna. Aqui está como Lucas nos relata o fato:

Ora, aconteceu, naqueles dias, que ela adoeceu e veio a morrer; e, depois de a lavarem, puseram-na no cenáculo. Como Lida era perto de Jope, ouvindo os discípulos que Pedro estava ali, enviaram-lhe dois homens que lhe pedissem: Não demores em vir ter conosco. Pedro atendeu e foi com eles. Tendo chegado, conduziram-no para o cenáculo; e todas as viúvas o cercaram, chorando e mostrando-lhe túnicas e vestidos que Dorcas fizera enquanto estava com elas. Mas Pedro, tendo feito sair a todos, pondo-se de joelhos, orou; e, voltando-se para o corpo, disse: Tabita, levanta-te!

Dorcas

Ela abriu os olhos e, vendo a Pedro, sentou-se. Ele, dando-lhe a mão, levantou-a; e, chamando os santos, especialmente as viúvas, apresentou-a viva. Isto se tornou conhecido por toda Jope, e muitos creram no Senhor. Pedro ficou em Jope muitos dias, em casa de um curtidor chamado Simão. (ATOS 9:37-43)

Que cena dramática essa! E observe o resultado: Dorcas não apenas foi restaurada à vida, mas a notícia desse milagre se espalhou por toda Jope, e "muitos creram no Senhor".

É claro nesse texto que o compromisso de Dorcas com as necessidades das viúvas não era um hobby de meio-expediente. Ela fazia muito mais do que simples doações ocasionais de roupas usadas. Ela vivia para cuidar daqueles que a cercavam e que precisavam do que ela poderia lhes dar. Sabia que fornecer vestimentas para essas pessoas lhe permitia cumprir o ensino de Jesus: "sempre que o fizestes a um destes meus pequeninos irmãos, a mim o fizestes" (MATEUS 25:40). Dorcas era uma *mathetria* genuína, uma ávida e entusiasta discípula que praticava tudo o que aprendera de Jesus.

O que convenceu Dorcas a usar seu tempo e recursos para servir sua comunidade? Não sabemos todas as formas como Deus a preparou para o ministério. Porém, como uma seguidora comprometida de Jesus Cristo, ela muito provavelmente estava bastante familiarizada com as Escrituras lidas semanalmente na sinagoga. Talvez seu coração ficasse tocado quando a Palavra de Deus a exortava: "Executai juízo verdadeiro, mostrai bondade e misericórdia, cada um a seu irmão; não oprimais a viúva, nem o órfão, nem o estrangeiro, nem o pobre, nem intente cada um, em seu coração, o mal contra o seu próximo" (ZACARIAS 7:9,10). Também é possível que ela tenha ouvido Tiago pregar, dizendo: "A religião pura e sem mácula, para com o nosso Deus e Pai, é esta: visitar os órfãos e as viúvas nas suas tribulações e a si mesmo guardar-se incontaminado do mundo" (TIAGO 1:27).

A MULHER ORIENTADA PELO *Espírito de Deus*

O que mais sabemos sobre Dorcas? Pelo fato do texto nunca mencionar um marido, alguns especulam que ela era viúva, embora não possamos confirmar isso. Outros especulam que ela teria sido pobre, mas isso é improvável. Ela possuía uma casa com um cenáculo, algo que somente uma pessoa rica poderia arcar. Se fosse pobre, também seria pouco provável que ela tivesse os meios para obter os tecidos com os quais confeccionava as roupas.

O que podemos afirmar é que as viúvas que mostraram o trabalho dela a Pedro a consideravam uma amiga amada. Sua presença no cenáculo demonstrava sua familiaridade com a casa de Dorcas e provavelmente a constante hospitalidade desta mulher. É possível que o lar de Dorcas tenha sido um local de reunião para a igreja local, embora isso não seja dito em Atos. O que sabemos é que as mulheres do Novo Testamento, uma vez que se tornavam seguidoras de Jesus, subsequentemente abriam suas casas como local de reunião para os cristãos locais. O texto nos diz que ela era muito bondosa para os necessitados, talvez até dando-lhes mais do que só roupas confeccionadas para eles. Com seu coração amável e seus ouvidos atentos, ela, com certeza, lhes deu dignidade e respeito que outras pessoas da comunidade provavelmente lhes negavam. Seja o que for mais que ela lhes tenha dado, sempre foi fruto de sua habilidade de costurar que, de forma tangível, serviu à comunidade.

No entanto, tudo o que sabemos vem de especulação em vez de registros. Sabemos, com certeza, o que Lucas relata em Atos 9. Seu nome e seu trabalho nos são conhecidos porque o Espírito de Deus o levou a incluir a história dela em Atos. Por trás disso, está o interessante fato ressaltado pelo britânico Richard Bauckham, erudito em Novo Testamento. Ele nos relembra que os quatro evangelhos e o livro de Atos, de autoria de Lucas, foram todos escritos décadas após a morte, ressurreição e ascensão de Jesus. Assim, sempre que nos deparamos com o nome de um homem ou mulher nesses livros significa que ele ou ela já era bem conhecido aos cristãos gentios espalhados por todo o Império Romano. Sabemos o nome de Dorcas porque duas décadas depois de ela ter morrido e voltado à vida, esse nome e trabalho foram mantidos vivos como um modelo a ser seguido por novos cristãos nas igrejas fundadas por Paulo, Pedro e outros.

Discernindo a vontade de Deus a partir do exemplo de Dorcas

Podemos dizer que Dorcas conhecia a vontade de Deus para sua vida pela habilidade de suas mãos — ela era claramente uma costureira dotada. No entanto, seria fácil ela se sentir paralisada ou talvez inadequada diante das grandes necessidades de sua comunidade. Se fosse assim, talvez ela tenha ouvido o sussurro encorajador de Deus: *Você já tem tudo que precisa para poder fazer o que estou lhe pedindo.* Se você confiar em mim, eu a usarei. Se houve alguma relutância, ela logo a superou e pôs suas habilidades em ação. Contudo, reconhecer as suas habilidades com uma agulha é só uma "pontinha" do exemplo que ela representa para nós. Dela, também aprendemos duas informações necessárias que nos auxiliam a discernir como o Espírito de Deus nos orienta.

Além de sua habilidade, Dorcas se preocupava profundamente com sua comunidade. Por qual outra razão ela se dedicaria a infinitos projetos de confecção para vestir órfãos e viúvas em Jope? Ela tinha paixão por atender às necessidades deles. O estar unida às agulhas em suas mãos significava também o interesse profundo e vigoroso pelas mulheres e crianças que tremiam de frio sem roupas adequadas.

Dorcas também estava em um lugar onde as necessidades de sua comunidade eram óbvias. Com tantos homens perdendo-se no mar a cada ano, as viúvas e órfãos de Jope não podiam ser ignorados. Para essa piedosa costureira, a carência era evidente por todos os lados. Ela não precisaria passar muito tempo vagando freneticamente ou discernindo o que Deus poderia querer que ela fizesse. A responsabilidade de fazer algo que aliviasse o sofrimento daqueles que a cercavam era inevitável.

Assim sendo, aprendemos com Dorcas que o Espírito de Deus nos orienta, não apenas com o que temos em mãos (nossas habilidades, dons e recursos disponíveis), mas também por meio da compaixão em nosso coração e pelas oportunidades que estão diante de nós. É necessário que esses três cooperem entre si para sussurrar em nossa alma o curso de ação que devemos tomar.

Há uma história no Novo Testamento sobre Pedro e João que ilustra belamente esses princípios que aprendemos de Dorcas sobre como discernir a vontade de Deus. Lembra da história do dia de Pentecostes, quando o Espírito de Deus veio sobre os 120 seguidores de Jesus que estavam reunidos em um cenáculo em Jerusalém? A primeira evidência da obra do Espírito em suas vidas foi que milhares de peregrinos, de todas as partes do mundo conhecido, miraculosamente ouviram a história de Jesus em sua própria língua.

Enquanto o apóstolo Pedro pregava a essas milhares de pessoas (3.000 dentre eles se tornaram seguidores de Jesus naquele dia), ele citou o profeta Joel, no Antigo Testamento:

> *E acontecerá nos últimos dias, diz o Senhor, que derramarei do meu Espírito sobre toda a carne; vossos filhos e vossas filhas profetizarão, vossos jovens terão visões, e sonharão vossos velhos; até sobre os meus servos e sobre as minhas servas derramarei do meu Espírito naqueles dias, e profetizarão. Mostrarei prodígios em cima no céu e sinais embaixo na terra: sangue, fogo e vapor de fumaça. [...] E acontecerá que todo aquele que invocar o nome do Senhor será salvo.* (ATOS 2:17-19,21)

Homens e mulheres, igualmente, receberiam o Espírito de Deus para guiá-los e conceder-lhes poder. Poucos dias depois da festa de Pentecostes, enquanto Pedro e João se dirigiam ao Templo para orar, eles passaram por um mendigo que era paralítico desde o nascimento. Perceba o que Pedro respondeu quando esse homem lhes pediu dinheiro:

> *Pedro, porém, lhe disse: Não possuo nem prata nem ouro, mas o que tenho, isso te dou: em nome de Jesus Cristo, o Nazareno, anda! E, tomando-o pela mão direita, o levantou; imediatamente, os seus pés e tornozelos se firmaram.* (ATOS 3:6,7)

O que Pedro tinha em mãos? Ele possuía algo muito melhor do que dinheiro. Tinha a experiência de três anos andando com Jesus — tempo no qual foi ensinado e transformado. Agora, cheio do poder do Espírito Santo, Pedro estava plenamente equipado para o ministério de cura e ensino para o qual Deus o chamara. E, gratuitamente, deu aquilo que Deus lhe havia concedido.

Assim, quando chegamos a Atos 9, de volta ao cenáculo cheio de viúvas aos prantos, não nos surpreende que o Espírito de Deus guiou Pedro enquanto ele chamava Dorcas de volta à vida para o benefício daqueles de quem ela cuidava. Não foi um milagre apenas para ter um milagre. Foi uma ação específica de Deus para o bem da comunidade à qual Dorcas ministrava altruisticamente. Ela levava a sério os mandamentos de Deus a respeito dos mais vulneráveis da cidade: os pobres e as viúvas.

Deus chama cada uma de nós a nos preocuparmos com os marginalizados — os pobres, os incapacitados, os idosos, os sem-teto e as crianças desprovidas de família — e a cuidar deles. E, quando fazemos dos interesses de Deus os nossos interesses, demonstramos o coração de Deus àqueles que nos cercam. O salmista nos lembra do terno coração divino por aqueles que sofrem:

> *O SENHOR abre os olhos aos cegos, o SENHOR levanta os abatidos, o SENHOR ama os justos. O SENHOR guarda o*

peregrino, ampara o órfão e a viúva, porém transtorna o caminho dos ímpios. (SALMO 146:8,9)

Esse é o coração de Deus. Sabendo disso, Dorcas foi instrumento aos pobres e às viúvas em Jope.

O Espírito de Deus frequentemente nos orienta usando que temos em nossas mãos. As mulheres em Lucas 8 tinham riquezas e as usaram para financiar o ministério de Jesus na Galileia. Dorcas tinha uma agulha em suas mãos e a usou para fazer roupas para aqueles que, talvez, de outra forma, não teriam nada além de trapos para vestir.

Pedro não possuía dinheiro em mãos, mas tinha três anos de experiência de andanças com Jesus. Fora cheio de poder por Deus para curar enfermos e trazer mortos de volta à vida (MATEUS 10:8). Joana, Dorcas, Pedro — cada um deles usou o que Deus pusera em suas mãos. É assim que o Espírito guiou cada um deles. E pode muito bem ser assim que Ele nos orientará.

O QUE DEUS PÔS EM MINHAS MÃOS?
O Espírito de Deus pôde orientar Dorcas porque ela tinha uma habilidade. Ela tinha compaixão. E tinha oportunidade. Atualmente, temos uma gama de oportunidades muito maior do que as mulheres na Palestina do primeiro século. Mas as perguntas que devemos nos fazer ainda são as mesmas: *O que Deus pôs em minhas mãos?* Em seguida: *Como estou usando isso?* Duas pessoas não responderão a essas questões da mesma forma. Uma mulher pode ter um treinamento especializado que a equipa para trabalhar num campo que atenda às necessidades humanas. Outra pode possuir uma tigela, uma frigideira e um bom fogão. O Espírito de Deus a orienta para que use sua habilidade culinária para alimentar os necessitados. Para outras ainda, pode ser um bom carro e disponibilidade de tempo para levar os fisicamente incapacitados ou seus vizinhos idosos para um mercadinho ou a uma consulta médica.

Dorcas

Outras podem ter o coração voltado às crianças da vizinhança que precisam de mais amor ou orientação do que a que recebem em casa. Para outra pode simplesmente ser um ouvido compassivo e um toque amoroso que assegura aos feridos que alguém se importa com eles. Para Dorcas, era uma agulha. Como seguidora fiel de Jesus, ela usava essa ferramenta para atender às necessidades dos pobres.

À medida que você olha ao redor, quais carências enxerga? O que Deus pôs em suas mãos que poderia ajudá-la a atender essa necessidade? Quando suas habilidades, sua paixão e sua oportunidade se unem, você pode prosseguir com confiança.

O Deus que a criou a equipou de forma singular para conhecer e cumprir a Sua vontade. Você não precisa se preocupar em não identificar essa vontade divina. Suas habilidades e suas paixões concedidas por Deus abrirão portas de oportunidades para que você sirva de uma forma que honre o Senhor. Essa é a vontade de Deus para sua vida.

O que Deus colocou em suas mãos? O Espírito de Deus muitas vezes nos orienta de maneira simples e direta: Use o que você tem em mãos.

Questões para reflexão pessoal ou grupo de estudo

1. Quando você se tornou cristã, qual foi seu entendimento sobre o que significa discernir a vontade de Deus para sua vida? Por exemplo, você achou que era simples e óbvio? Ficou com medo de não a identificar?

2. Dorcas provavelmente não teve que pesquisar muito para discernir qual a vontade de Deus para ela. Simplesmente teve que correlacionar suas habilidades e paixões às necessidades e

oportunidades ao seu redor. De que maneiras você se identifica com a experiência dela? Quando, em uma situação específica, você percebeu que a vontade de Deus era clara e apenas requeria sua resposta? Como você respondeu?

3. Se alguém lhe perguntasse sobre suas habilidades e paixão, o que você diria? De que maneira as descreveria?

4. À medida que você medita sobre suas habilidades e paixão, como poderia responder se Deus lhe dissesse: *Você já tem tudo o que precisa para fazer o que eu estou lhe pedindo. Se você confiar em mim, eu a usarei?*

5.

Reflexão pessoal

As famintas viúvas gregas

O Espírito de Deus nos orienta por meio de exemplos negativos

A SEGUNDA GUERRA MUNDIAL envolveu praticamente todo o mundo, de 1941 até 1945. Os Estados Unidos haviam se unido à causa Aliada, combatendo as fascistas Alemanha e Itália, na Europa, e o Japão, na Ásia. À medida que o governo do meu país reunia e prendia todos os japoneses que viviam pacificamente em solo americano por duas ou três gerações, a mídia incitava o ódio por qualquer pessoa que tivesse nome alemão ou japonês. A apenas algumas casas de distância da rua onde morávamos, alguns meninos cruéis da vizinhança amarraram o filho de um imigrante alemão a uma árvore e o deixaram lá por várias horas, afinal qualquer alemão deveria ser "inimigo". Até aquele tempo eu não conhecia a palavra "racismo", mas essa era uma realidade com a qual sofriam as pessoas ao meu redor.

Detroit, minha cidade natal, era chamada de "Arsenal da democracia", pois as indústrias automobilísticas foram modernizadas para fabricarem aviões, tanques e outros artefatos de guerra. Quando a conscrição tirou os homens das fábricas e os tornou

As famintas viúvas gregas

soldados, a carência de mão-de-obra foi grande, e 350 mil pessoas afluíram para a cidade vindas das partes mais pobres da nação para preencher as milhares de vagas de empregos no pós-Depressão.

Como uma cidade assimila e acomoda a rápida chegada de tantas pessoas ao mesmo tempo? Embora apenas 14% dos recém-chegados fossem de afro-americanos, eles foram expulsos dos bairros exclusivos para brancos e de acomodações públicas, com exceção dos projetos de habitação Brewster-Douglass. Muitos tiveram que viver em casa sem encanamento e pagavam o dobro ou mais do valor que famílias brancas pagavam por aluguéis em distritos de brancos. O racismo estava vivo e flagrante.

Em junho de 1943, as tensões raciais em Detroit estavam inflamadas, especialmente entre os brancos que sentiam que os afro-americanos ameaçavam seus empregos, suas casas e todo seu modo de vida. Uma luta corporal em um estacionamento entre um adolescente negro e um branco logo propagou um conflito de três dias em que 34 pessoas foram mortas.

O racismo ainda voltou sua horrenda face para dentro de um pequeno círculo de amigos próximos. Eu passava a maior parte do meu tempo livre com quatro amigas: Joanie, Janie, Jeano e Monica. Joanie e Janie eram judias, o que estava bem para mim, pois Jesus e Seus discípulos também eram. Num fim de semana, Janie e eu estávamos visitando Jeano cujos pais pertenciam ao elegante clube náutico local. A mãe de Jeano pediu-lhe que desse uma passada no clube para entregar uma mensagem ao seu pai. Assim, nós três fomos cumprir a tarefa. Quando chegamos à impressionante escadaria fora do clube, Jeano disse que eu poderia entrar com ela, mas Janie teria que ficar do lado de fora porque não era permitida a entrada de judeus no clube. Escolhi permanecer com Janie enquanto Jeano entregava a mensagem. Aquele ano aprendi que muitas pessoas odiavam os judeus e fiquei chocada com a injustiça de tal ódio — ódio (e medo) de qualquer um que fosse diferente. Olhando para trás, percebi que foi então que comecei a ver como

Deus poderia usar uma experiência negativa como o racismo para me ajudar a entender o amor dele por todas as pessoas do mundo, alguns parecidos comigo, outros muito diferentes de mim.

Racismo entre cristãos?

O racismo não é algo novo em nossa vida. É uma praga vil que infectou o mundo quase desde o começo da história. Então, não deveria ser grande surpresa que fosse tão evidente no primeiro século depois de Cristo e que também se mostrasse entre os novos cristãos em Jerusalém. Em Atos 6, aprendemos que "multiplicando-se o número dos discípulos, houve murmuração dos helenistas contra os hebreus, porque as viúvas deles estavam sendo esquecidas na distribuição diária" (ATOS 6:1).

Uma das consequências do Pentecostes era que "Todos os que creram estavam juntos e tinham tudo em comum. [...] partiam pão de casa em casa e tomavam as suas refeições com alegria e singeleza de coração, louvando a Deus e contando com a simpatia de todo o povo" (ATOS 2:44,46,47). O que havia acontecido entre o feliz começo em Atos 2 e as reclamações dos gregos em Atos 6? Como foi que o que começara de forma tão alegre e generosa, relativamente em pouco tempo, levou à repartição indevida da porção de comida de alguns cristãos, baseada apenas em sua raça?

Os capítulos iniciais de Atos detalham o surgimento do sofrimento da comunidade cristã com base em Jerusalém. Naquele tempo, o povo na Palestina estava sob os calcanhares do Império Romano, e muitos grupos dissidentes de judeus esperavam e trabalhavam para desmantelar o poderio romano. De fato, em várias ocasiões, Jesus, no começo de Seu ministério, teve que conter a pressão que visava torná-lo aquele líder carismático que libertaria os judeus da ocupação romana. Era decepcionante o fato do Senhor insistir que o reino de Deus era espiritual, não militar, e isso levou alguns a se afastarem dele (JOÃO 6:66). As aspirações judaicas de ter seu próprio reino poderoso sobre a Terra, um reino que desbancaria o poder de Roma, os levou a muitas rebeliões severas e malsucedidas no primeiro século.

Enquanto isso, a comunidade cristã em Jerusalém crescia rapidamente, incluindo membros gentios e judeus. Esses primeiros gentios eram convertidos inicialmente ao judaísmo e depois ao cristianismo. No entanto, para alguns judeus cristãos, se esses "gregos" não apoiavam suas aspirações de libertarem-se de Roma, eram considerados também "o inimigo".

Você deve se lembrar de Atos 2:9-11, que aqueles que responderam ao sermão de Pedro no Pentecostes representavam grupos étnicos de todas as partes do mundo — judeus em sua fé, porém de origens étnicas diversas. Assim, não surpreende que leiamos que "houve murmuração" entre os cristãos de fala grega, que sentiam que suas viúvas estavam sendo discriminadas em comparação com os cristãos que falavam hebraico. Em bem pouco tempo, a igreja nascente passou de um profundo senso de admiração, enquanto repartiam tudo o que tinham, à divisão e discriminação.

O POSICIONAMENTO DE DEUS QUANTO A ESSA QUESTÃO

Podemos ser tentados a atribuir o racismo de alguns na Igreja Primitiva à ignorância ou à cultura obscura daquele tempo. Contudo, não devemos esquecer que a nova comunidade cristã tinha suas raízes éticas aprofundadas na vontade de Deus revelada no Antigo Testamento, incluindo passagens como esta:

> *Pois o SENHOR, vosso Deus, é o Deus dos deuses e o Senhor dos senhores, o Deus grande, poderoso e temível, que não faz acepção de pessoas, nem aceita suborno; que faz justiça ao órfão e à viúva e ama o estrangeiro, dando-lhe pão e vestes. Amai, pois, o estrangeiro, porque fostes estrangeiros na terra do Egito.* (DEUTERONÔMIO 10:17-19)

A MULHER ORIENTADA PELO *Espírito de Deus*

E, no caso de os cristãos hebreus não terem entendido dessa vez, novamente Deus retorna ao mesmo tema: "Não perverterás o direito do estrangeiro e do órfão; nem tomarás em penhor a roupa da viúva" (DEUTERONÔMIO 24:17). Moisés até estabeleceu um ritual de adoração responsivo no qual os levitas (classe sacerdotal) gritariam: "Maldito aquele que perverter o direito do estrangeiro, do órfão e da viúva. E todo o povo dirá: Amém!" (DEUTERONÔMIO 27:19). Quando o próprio Deus nivela a severidade de uma maldição contra aqueles que negam "o direito do estrangeiro, do órfão e da viúva" fica claro que Ele fala sério. Tratar órfãos, viúvas e estrangeiros com igualdade não era apenas uma sugestão ou uma boa ideia. Era o cerne de como Deus esperava que Seu povo pensasse, agisse e vivesse.

Quando os antigos israelitas desprezaram o claro mandamento divino, o Senhor levantou profetas para chamar Seu povo rebelde ao arrependimento. Ouça o profeta Isaías falar da verdade de Deus a esses israelitas pecadores:

Pelo que, quando estendeis as mãos, escondo de vós os olhos; sim, quando multiplicais as vossas orações, não as ouço, porque as vossas mãos estão cheias de sangue. Lavai-vos, purificai-vos, tirai a maldade de vossos atos de diante dos meus olhos; cessai de fazer o mal. Aprendei a fazer o bem; atendei à justiça, repreendei ao opressor; defendei o direito do órfão, pleiteai a causa das viúvas. (ISAÍAS 1:15-17)

Mais tarde, o profeta Jeremias ecoou a advertência de Deus com estas palavras:

Assim diz o SENHOR dos Exércitos, o Deus de Israel [...] Mas, se deveras emendardes os vossos caminhos e as vossas obras, se deveras praticardes a justiça, cada um com o seu próximo; se não oprimirdes o estrangeiro, e o órfão, e a

As famintas viúvas gregas

*viúva, nem derramardes sangue inocente neste lugar, nem
andardes após outros deuses para vosso próprio mal...*
(JEREMIAS 7:3,5,6)

*Assim diz o S*ENHOR*: Executai o direito e a justiça e
livrai o oprimido das mãos do opressor; não oprimais
ao estrangeiro, nem ao órfão, nem à viúva; não façais
violência, nem derrameis sangue inocente neste lugar.*
(JEREMIAS 22:3)

Alinhando-se aos profetas do Antigo Testamento, Jesus também combateu com veemência as atitudes racistas. No Sermão do Monte, proferido a um público judeu, Ele disse:

*Se um dos soldados estrangeiros forçá-lo a carregar uma
carga um quilômetro, carregue-a dois quilômetros. [...]
— Vocês ouviram o que foi dito: "Ame os seus amigos e odeie
os seus inimigos." Mas eu lhes digo: amem os seus inimigos
e orem pelos que perseguem vocês, para que vocês se tornem
filhos do Pai de vocês, que está no céu. Porque ele faz com
que o sol brilhe sobre os bons e sobre os maus e dá chuvas
tanto para os que fazem o bem como para os que fazem o
mal.* (MATEUS 5:41,43-45 NTLH)

Como assim? Sim, ame seus inimigos e ore por aqueles que o perseguem. Era uma inversão radical, não apenas da tendência humana natural, mas também do que seria considerada uma resposta aceitável a um inimigo e perseguidor.

Por séculos, repetidamente, Deus deixou Seu posicionamento claro. Nenhum cristão judeu do primeiro século poderia argumentar ignorância para justificar qualquer discriminação contra os estrangeiros, os órfãos, ou as viúvas em seu meio. Os líderes das primeiras comunidades cristãs em Jerusalém sabiam disto. Nas igrejas, as viúvas gregas precisavam de comida tanto quanto as viúvas hebreias. Algo precisava ser feito a respeito:

> *Então, os doze convocaram a comunidade dos discípulos e disseram: Não é razoável que nós abandonemos a palavra de Deus para servir às mesas. Mas, irmãos, escolhei dentre vós sete homens de boa reputação, cheios do Espírito e de sabedoria, aos quais encarregaremos deste serviço; e, quanto a nós, nos consagraremos à oração e ao ministério da palavra. O parecer agradou a toda a comunidade; e elegeram Estêvão, homem cheio de fé e do Espírito Santo, Filipe, Prócoro, Nicanor, Timão, Pármenas e Nicolau, prosélito de Antioquia. Apresentaram-nos perante os apóstolos, e estes, orando, lhes impuseram as mãos.* (ATOS 6:2-6)

Um dos aspectos encorajadores desse episódio é quão rapidamente os apóstolos trataram o assunto quando perceberam o que estava acontecendo. O grupo de pessoas escolhidas para distribuir mais igualitariamente a comida incluía cinco homens com nomes muito gregos: Prócoro, Nicanor, Timão, Pármenas e Nicolau, prosélito de Antioquia. Estêvão e Filipe também podem ter sido gregos, caso contrário, trouxeram algum equilíbrio ao trabalho em equipe que foi reunido para resolver o problema. De qualquer forma, a discriminação não foi tolerada. Os líderes reconheceram a questão e, rapidamente, adotaram medidas para retificá-la.

A VIUVEZ NO IMPÉRIO ROMANO DO PRIMEIRO SÉCULO

À medida que lemos a história das viúvas judias e gregas em Atos 5, você pode ter se perguntado: "E qual o problema? Não podemos estar falando de muitas viúvas nesse texto". Mas recue um pouco e pense sobre o que significava ser viúva no primeiro século da era cristã.

As famintas viúvas gregas

Conforme visto no capítulo 1, era comum as famílias (judias, gregas ou romanas) arranjarem o casamento de uma filha enquanto ela era muito jovem, e a cerimônia acontecia logo após a primeira menstruação. Assim sendo, o casamento era basicamente um rito de passagem para a menina, da infância para a idade adulta, sem qualquer adolescência entre elas. Em muitos casos, as jovens se casavam com homens duas ou três vezes mais velhos do que elas. Presumivelmente, uma jovem poderia chegar à viuvez mais de uma vez durante sua vida.

Os eruditos observam que a expectativa média de vida no Império Greco-romano, naquele tempo, era de, aproximadamente, 25 anos. Muitos homens morriam em batalha em virtude de o Império estar, frequentemente, em guerra em algum *front*. Ou, se a unidade do exército deles fosse derrotada em uma batalha em particular, os soldados capturados seriam levados como escravos para outros conquistadores estrangeiros. Você pode entender por que a expectativa de vida dos homens era tão baixa? Estas realidades significavam que muitas mulheres ficavam viúvas, muitas vezes, relativamente cedo.

A viuvez era tão comum que as leis de casamento no Império mudaram para incluir algo conhecido como *sine manu*, que quer dizer "sem mão". Mais cedo, durante a República Romana, o dote de uma mulher (a riqueza que a família dela entregava para seu marido) se tornava propriedade do marido quando ela se casava. Porém, por volta do primeiro século, se o casamento fosse acordado, desde o começo, como *sine manu*, esse dote permanecia com a própria mulher para que no caso de divórcio ou morte de seu marido, ela tivesse recursos para prosseguir com a vida. Contudo, o sistema de dote funcionava apenas para pessoas com riqueza suficiente para sustento próprio. Para a maioria, o casamento não incluía o dote. Assim, quando uma mulher ficava viúva, normalmente, ela ficava completamente sem nenhum recurso para se sustentar.

Assim, vemos histórias de muitas viúvas e suas necessidades em muitos registros do Novo Testamento. Em Lucas 7, lemos o triste relato de uma viúva seguindo o esquife de seu próprio filho para o sepultamento. Ela já perdera o marido; e agora sua única fonte de sustento falecera. Jesus interveio e restaurou o filho dessa mulher à vida, mas, para muitas viúvas do primeiro século, não houve milagre.

Pense novamente sobre as viúvas na história de Dorcas. Quando Pedro chegou a Jope, "conduziram-no para o cenáculo; e todas as viúvas o cercaram, chorando e mostrando-lhe túnicas e vestidos que Dorcas fizera enquanto estava com elas" (ATOS 9:39). Essas mulheres eram parte dos pobres de Jope que precisavam de itens muito básicos de vestimenta. Dorcas e seu trabalho proveem apenas um exemplo de como os primeiros cristãos respondiam à generalizada necessidade de cuidado com as viúvas, os órfãos e os estrangeiros na nação. Assim, não surpreende que a Igreja Primitiva assumiu a responsabilidade de assegurar que todas as viúvas cristãs tivessem algo para comer todos os dias.

Por que os responsáveis pela distribuição da comida discriminavam as viúvas de fala grega? A resposta pode ter algo haver com a suspeição mútua entre os judeus e seus governantes romanos. Embora as viúvas de origem grega não fossem uma ameaça por si mesmas, é provável que elas se alinhassem com as poderosas forças dos governantes romanos. Como observado anteriormente, uma das grandes esperanças de alguns dos discípulos de Jesus, desde cedo, era que Ele levantaria um exército e expulsaria da nação deles o governo romano e suas práticas opressivas e cruéis (por exemplo, a crucificação, como meio de execução). Quando traiu Jesus, Judas podia, na verdade, estar tentando forçar a situação achando que Jesus não se submeteria à morte e usaria Seus poderes milagrosos para começar a luta que baniria o domínio romano sobre Israel. Os soldados romanos estabelecidos na Terra Santa frequentemente lidavam com levantes contra o poderio romano. A continuação a

As famintas viúvas gregas

isso seria retribuir, de qualquer modo possível, àqueles que não pertenciam a sua etnia. Os cristãos judeus, na Igreja Primitiva, não eram imunes a essa forma de pensar, o que deve ter lhes feito sentir justificados em discriminar as viúvas de fala grega.

MAIS CRISTÃOS RACISTAS DO PRIMEIRO SÉCULO

Se essa fosse a única vez no Novo Testamento em que somos confrontados com o racismo, poderíamos descartá-lo como um caso isolado. Porém, parece que o racismo persistia entre os cristãos em outras partes do Império Romano. Mais frequentemente do que gostaríamos, a discussão nas cartas apostólicas tinha a ver com o persistente problema de alguns cristãos menosprezarem outros cristãos que tivessem a cor da pele diferente ou ideias e valores diferentes. Os judeus desconfiavam dos gentios e vice-versa. O problema de raças irrompia constantemente nas igrejas do primeiro século.

No começo de sua epístola à igreja de Roma, o apóstolo Paulo teve que tratar dessa questão:

> *Que se conclui? Temos nós qualquer vantagem? Não, de forma nenhuma; pois já temos demonstrado que todos, tanto judeus como gregos, estão debaixo do pecado; como está escrito: Não há justo, nem um sequer...* (ROMANOS 3:9,10)

O racismo entre os cristãos romanos não era óbvio como negar às viúvas gregas sua porção de comida. Era mais sutil e se apoiava na crença dos judeus cristãos de que seu conhecimento e suas práticas religiosas eram superiores. Pelo fato do cristianismo ter começado dentro do judaísmo, os judeus cristãos em Roma precisavam ser lembrados de que "*todos* pecaram e carecem da glória de Deus..." (ROMANOS 3:23, ênfase adicionada). Não há espaço para o racismo ou qualquer forma de discriminação no Corpo de Cristo.

O escritor dessa carta aos cristãos romanos possuía qualificações singulares para escrever o que escreveu: Paulo era judeu.

A MULHER ORIENTADA PELO *Espírito de Deus*

Na verdade, era fariseu, treinado na lei judaica sob o notório rabi Gamaliel. Assim, era membro ardoroso do grupo religioso mais observante da lei em Israel. Ao mesmo tempo, por ter nascido em Tarso, uma capital provincial romana, era cidadão romano. Fora criado fora de Israel na província da Cilícia. Falava latim e grego, bem como hebraico e aramaico. Conhecia a mente gentia tanto quanto a lei judaica. Talvez nenhum outro era tão qualificado quanto Paulo para tratar do problema de racismo entre os cristãos romanos.

Em outra epístola aos cristãos na província da Galácia, Paulo insistiu: "Dessarte, não pode haver judeu nem grego; nem escravo nem liberto; nem homem nem mulher; porque todos vós sois um em Cristo Jesus" (GÁLATAS 3:28). A tendência humana de construir hierarquias baseadas na raça ou classe ou gênero não deveria ter lugar entre os seguidores de Jesus Cristo. Somos um em Cristo. Ponto final!

Mas essa mensagem deveria ser continuamente reiterada entre os cristãos primitivos. Tiago, meio-irmão de Jesus, descreveu esse problema desta forma:

Meus irmãos, não tenhais a fé em nosso Senhor Jesus Cristo, Senhor da glória, em acepção de pessoas. Se, portanto, entrar na vossa sinagoga algum homem com anéis de ouro nos dedos, em trajos de luxo, e entrar também algum pobre andrajoso, e tratardes com deferência o que tem os trajos de luxo e lhe disserdes: Tu, assenta-te aqui em lugar de honra; e disserdes ao pobre: Tu, fica ali em pé ou assenta-te aqui abaixo do estrado dos meus pés, não fizestes distinção entre vós mesmos e não vos tornastes juízes tomados de perversos pensamentos? [...] Meus irmãos, qual é o proveito, se alguém disser que tem fé, mas não tiver obras? Pode, acaso, semelhante fé salvá-lo? Se um irmão ou uma irmã estiverem carecidos de roupa e necessitados do alimento cotidiano, e

As famintas viúvas gregas

qualquer dentre vós lhes disser: Ide em paz, aquecei-vos e fartai-vos, sem, contudo, lhes dar o necessário para o corpo, qual é o proveito disso? Assim, também a fé, se não tiver obras, por si só está morta. (TIAGO 2:1-4; 14-17)

Aqui, Tiago usa um exemplo negativo para defender sua ideia positiva: a fé é inadequada se não a aliarmos às boas obras. De fato, sua linguagem é ainda mais forte: Tal fé é morta e inútil. Somos tentados a pensar que o escritor está exagerando a importância de se importar com aqueles cujas necessidades vemos, sendo que temos os recursos para atendê-las? Ele não está exagerando!

Nosso chamado como seguidores de Jesus

A maioria de nós aprende com os exemplos negativos. Uma forte queimadura de sol pode nos ensinar sobre a importância de usar protetor solar quando estivermos no verão. Uma nota baixa em uma prova pode nos estimular a melhorar nossos hábitos de estudo. Ver Janie excluída do prédio do clube náutico por ser judia me ensinou mais sobre o racismo do que uma palestra sobre o assunto. Os exemplos negativos podem nos impulsionar a repensar as situações que previamente poderíamos ter menosprezado. Para aqueles que se denominam seguidores de Jesus Cristo, um exemplo negativo pode nos confrontar com a realidade do pecado, de formas que, talvez, ignoraríamos. Precisamos do Espírito de Deus nos orientando para refletir sobre nossas próprias atitudes por meio dos exemplos que conseguimos entender.

…pois ele, subsistindo em forma de Deus, não julgou como usurpação o ser igual a Deus; antes, a si mesmo se esvaziou, assumindo a forma de servo, tornando-se em semelhança de homens; e, reconhecido em figura humana, a si mesmo

se humilhou, tornando-se obediente até à morte e morte de cruz. (FILIPENSES 2:6-8)

À luz desse exemplo dissipador de paradigmas estabelecido por Jesus, o apóstolo Paulo nos diz: "Tende em vós o mesmo sentimento que houve também em Cristo Jesus".

Enquanto pondera sobre seus próprios preconceitos e o que significa seguir o exemplo de Jesus para você, quem logo lhe vem à mente? Pode ser um colega de trabalho, ou alguém de quem você não gosta em sua igreja, ou alguma pessoa proeminente que você viu na televisão. De que maneira sua postura com relação a esse indivíduo fica aquém do "mesmo sentimento que houve também em Cristo Jesus". De que maneira você sente que o Espírito de Deus pode a estar orientando a partir de exemplos negativos de racismo e discriminação?

Talvez seja tempo de avaliar, de refletir sobre como você realmente pensa e se comporta com relação às pessoas que a cercam e que têm a cor de pele diferente, ou um status econômico diferente, ou que sejam de gênero oposto ao seu. A avaliação pode levá-la a orar para que o Espírito de Deus a ajude a entender como sua atitude em relação aos outros pode mudar se você levar o exemplo de Jesus a sério. Às vezes, o Espírito de Deus pode nos orientar por intermédio de exemplos negativos visando ao maior crescimento e transformação.

Questões para reflexão pessoal ou grupo de estudo

1. À medida que reflete sobre sua própria experiência de vida, em que momento você se tornou consciente de algum tipo de discriminação (contra outra pessoa ou contra você mesma)?

As famintas viúvas gregas

Essa discriminação foi sutil ou evidente? De que maneira reagiu a ela?

2. Infelizmente, o racismo e a discriminação têm persistido por milênios, mesmo dentro do Corpo de Cristo. E, embora pareça fácil de reconhecer e condenar o preconceito nas gerações anteriores, ele permanece muito mais difícil de ser reconhecido e tratado em nosso tempo. Como você imagina que os cristãos, daqui a 100 anos, avaliarão o racismo e o preconceito nesta geração do Corpo de Cristo — na igreja, em geral, e em nossa própria comunidade cristã? Que atitudes sutis, ou evidentes, ou práticas, eles poderão indicar como evidência de nossa falha em demonstrar o mesmo "sentimento que houve em Cristo Jesus"?

3. De que maneiras, você diria que o Espírito de Deus a orientou por meio de exemplos negativos, ultimamente? Como esse exemplo negativo a desafiou? O que você está aprendendo e como isso está afetando seu pensamento ou comportamento?

Lídia

O Espírito de Deus nos orienta por meio da insatisfação espiritual

NO MUNDO INDUSTRIALIZADO, qualquer um que queira começar um novo negócio normalmente precisa levantar uma quantia enorme de dinheiro, muitas vezes de capitalistas de risco [N.E.: são investidores que apoiam empresas ao comprarem parte de suas ações e se envolvem nos negócios da companhia visando fazê-la prosperar e valorizar suas ações.]. Contudo, nos países em desenvolvimento, um empréstimo de 100 dólares é suficiente para que uma mulher em situação de pobreza inicie um pequeno negócio e, em seguida, pague o empréstimo. O microfinanciamento, como é usualmente chamado, mantém os fundos circulando ao repassar os empréstimos reembolsados a outra mulher, possibilitando que ela também inicie seu negócio. Os empréstimos podem ser usados para comprar galinhas, o que possibilitará a uma mulher vender ovos em sua comunidade. Ou ela talvez possa ter habilidade em trançar cestos ou em confeccionar joias e pode tornar isso em um empreendimento lucrativo quando tem a possibilidade de comprar as ferramentas e suprimentos para

Lídia

o comércio dela. Os negócios são pequenos, mas dão às mulheres um meio de sustentar suas famílias e talvez até pagar mensalidades escolares para que seus filhos sejam instruídos. Quando tenho um pouco de dinheiro reservado para contribuir para caridade, frequentemente procuro por esse tipo de oportunidade para ajudar uma mulher em outra parte do mundo a começar sua própria pequena empresa.

Os pesquisadores descobriram que as mulheres dos países em desenvolvimento são muitas vezes empreendedoras mais astutas e responsáveis do que os homens de suas comunidades. Como normalmente recai sobre a mulher a incumbência de providenciar comida e roupas para seus filhos, elas são muito mais conscientes dos desafios diários de atender até mesmo as mínimas necessidades de suas famílias. Portanto, quando lhes é dada a oportunidade de ganhar dinheiro iniciando seu próprio pequeno negócio, elas investem a determinação maternal para serem bem-sucedidas. Sendo assim, quando você ou eu fazemos um pequeno investimento nessa mulher, não é dinheiro desperdiçado. Aquela que recebe essa ajuda será bem-sucedida porque o bem-estar de sua família depende disso. Os pesquisadores também descobriram que o que pode começar com a atividade de apenas uma mulher frequentemente se desenvolve em um empreendimento que envolve a comunidade. Empresárias bem-sucedidas muitas vezes envolvem outras mulheres como empregadas ou como representantes de suas empresas. Deste modo, toda uma cidade pode se beneficiar de um pequeno investimento em determinada mulher.

A autora e consultora de liderança, Sally Helgesen, chama as mulheres de negócio de "revolucionárias diárias". Por quê? As razões são complexas, porém em geral as mulheres criam ou administram negócios com estruturas flexíveis que geram mais oportunidades para a entrada de pessoas em toda a empresa. Parece haver uma habilidade feminina distinta para criar e liderar outros, o que Helgesen chama de "teia de inclusão". Este não é o tipo comum de liderança de cima para baixo. Ouvir as pessoas da linha inferior na cadeia de comando constrói um forte compromisso dos trabalhadores com o sucesso do negócio e também aumenta o entendimento do líder sobre o que precisa ocorrer desde o início. Esse é um dom que as mulheres trazem, de forma singular, ao atual mundo dos negócios.

Seja o que for que está por trás dessa vantagem feminina, não é um fenômeno recente — as mulheres têm desenvolvido negócios lucrativos desde os primórdios. Assim sendo, não deveria nos surpreender que, quando chegamos a Atos 16, encontramos uma empresária bem-sucedida e influente chamada Lídia. Mas, para colocar um contexto ao redor da história dela, precisaremos de um pano de fundo de outra pessoa: o apóstolo Paulo.

A HISTÓRIA ANTERIOR DE PAULO

Lembre-se de que Paulo era um convertido ao cristianismo e que ele tinha uma história anterior considerável: era um judeu instruído pelo notável rabino Gamaliel. Também era fariseu, membro da seita judaica mais rígida na Palestina do primeiro século (FILIPENSES 3:5). Porém, nascera em Tarso (ATOS 22:3), uma cidade romana com leis romanas, costumes romanos, e, possivelmente, falava latim; assim, tinha cidadania romana. No entanto, Tarso era na Cilícia, na margem mais sudeste da Turquia, uma parte do Império Romano com forte tradição e idioma gregos. Deste modo, Paulo deve ter sido fluente em grego, versado no modo de vida romano e um judeu com profunda compreensão das Escrituras do Antigo Testamento.

Esse amplo pano de fundo cultural e étnico deu a Paulo uma habilidade singular para servir como um dos primeiros missionários enviados pelas novas comunidades cristãs. Partindo de sua base na atual Síria (Antioquia da Síria — ATOS 11:19,26), ele viajou extensamente, fundando novas igrejas por toda Ásia Menor (atual Turquia) e Grécia. Cada uma de suas três viagens missionárias cobriu longos períodos de tempo, suficiente para passar semanas, meses ou mesmo anos em cada cidade. Uma vez estabelecido em determinado lugar, ele pregaria na sinagoga local, se encontraria com pessoas interessadas (judeus e gentios) e, eventualmente, fundaria uma igreja em cada cidade pela qual passasse.

Nossa história começa quando Paulo, agora em sua segunda viagem missionária, visita as igrejas da Ásia Menor (Turquia) as quais fundara em sua viagem anterior. Em uma dessas igrejas, a congregação de cristãos de Listra, Paulo convidou um jovem chamado Timóteo para unir-se a ele. A mãe de Timóteo, Eunice (2 TIMÓTEO 1:5), era etnicamente judia e religiosamente uma seguidora de Jesus Cristo. O pai dele era gentio, etnicamente grego. Paulo não sabia inicialmente, mas o Espírito de Deus estava para deslocá-lo da Turquia para a Grécia pela primeira vez. A cultura grega pode apresentar diferenças sutis, mas importantes, para uma pessoa que vai para lá pela primeira vez, e uma companhia grega viajando com ele poderia ser importante para a equipe nos dias que se seguiriam.

Paulo, Silas e Timóteo estavam se dirigindo para um novo território turco chamado Bitínia, "mas o Espírito de Jesus não o permitiu. E, tendo contornado Mísia, desceram a Trôade" (na costa noroeste da Turquia — ATOS 16:7,8). Naquela noite, "sobreveio a Paulo uma visão na qual um varão macedônio estava em pé e lhe rogava, dizendo: Passa à Macedônia e ajuda-nos" (ATOS 16:9). Imediatamente, o trio velejou para Trôade cruzando a ponta norte do mar Egeu para Neápolis. Esse era o porto de Filipos "cidade da Macedônia, primeira do distrito e colônia" (ATOS 16:12). O Espírito de Deus havia dirigido esse trio a sair da Turquia e ir para a Grécia, especificamente para a cidade de Filipos, na região da Macedônia.

Essa cidade ficava próxima a um grande campo de batalha onde, em 42 a.C., Antônio e Otaviano haviam derrotado os partidários da República. Os vitoriosos, então, liberaram alguns de

A MULHER ORIENTADA PELO *Espírito de Deus*

seus soldados veteranos para irem à cidade, dando-lhes um pedaço de terra a cada um e declarando aquela cidade como colônia romana. Assim, Filipos se tornou uma "miniatura de Roma" sob a lei romana, governada por dois oficiais militares indicados por Roma. Assim, a cidadania romana de Paulo acabaria sendo de vital importância em Filipos.

Até esse ponto, Paulo e seus acompanhantes, ao entrarem em uma nova cidade, normalmente iriam à sinagoga judaica onde envolveriam os judeus em uma conversa sobre Jesus. Todavia, não havia sinagoga em Filipos possivelmente porque, para que uma sinagoga fosse organizada, haveria a necessidade de, pelo menos, 10 homens judeus. Pode ser que não houvesse essa quantidade de homens judeus na cidade.

Era o *Shabbat*. Esse dia sagrado judaico nada significava para os habitantes das colônias romanas, mas, para o apóstolo Paulo e seus acompanhantes, observar o *Shabbat* judaico era importante. Sem que houvesse uma sinagoga onde adorar, eles teriam que procurar por adoradores de Deus em outro lugar. Então, por onde começar? O texto nos diz qual foi a alternativa de Paulo:

> *No sábado, saímos da cidade para junto do rio, onde nos pareceu haver um lugar de oração; e, assentando-nos, falamos às mulheres que para ali tinham concorrido. Certa mulher, chamada Lídia, da cidade de Tiatira, vendedora de púrpura, temente a Deus, nos escutava; o Senhor lhe abriu o coração para atender às coisas que Paulo dizia.*
> (ATOS 16:13,14)

Seja o que for que Paulo possa ter esperado encontrar naquela manhã, o Espírito de Deus o levou diretamente a uma mulher que tinha o coração sensível ao Senhor.

Lídia

UMA PRÓSPERA EMPRESÁRIA SE TORNA A PRIMEIRA CONVERTIDA NA GRÉCIA

"Lídia, da cidade de Tiatira, vendedora de púrpura, temente a Deus". Nessa sentença aprendemos três coisas importantes sobre essa mulher. A primeira é que ela provinha da cidade turca de Tiatira, situada ao norte da Ásia Menor, não de uma cidade grega. Desta forma, Lídia não era nascida e criada em Filipos. Mudara-se para lá vinda de outra terra.

A segunda coisa que aprendemos sobre Lídia é que ela era "vendedora de púrpura". O que era isso? Tiatira era internacionalmente conhecida por suas associações comerciais. Uma das associações mais poderosas era a do grupo de mercadores que faziam tintura púrpura e tecelagem de roupas dos fios coloridos. Lídia era uma das vendedoras de tecido púrpura da associação. A tintura púrpura era muito cara, e ser parte de uma associação em Tiatira significava que Lídia era uma pessoa de posse — provavelmente ela era muito rica. É provável que empregasse outros para fazer a tintura e a tecelagem das vestimentas que vendia. Sabemos, a partir dos textos bíblicos, que ela era uma comerciante bem-sucedida.

A terceira coisa que o texto nos diz sobre essa mulher é que ela era "temente a Deus". Embora isso inicialmente possa não significar muito para nós, no mundo romano do primeiro século, adorar qualquer ser que não fosse o imperador era perigoso. Em uma cidade romana como Filipos, o culto imperial (adoração ao imperador) dominava as observâncias religiosas. O erudito Rick Wade notou:

> No tempo do Império Romano, a adoração de deuses pagãos e ao imperador era parte da vida comunitária. [...] A relutância cristã em oferecer adoração ao imperador e aos deuses era considerada loucura, a julgar pelo que ocorreria aos cristãos se não o fizessem. Por que não oferecer um pouquinho de incenso à imagem do imperador?[1]

Isso seria fato por todo o Império, mas era especialmente importante em uma cidade romana como Filipos. Embora o texto nos informe que Lídia era "temente a Deus" ("adorava a Deus", conforme a NTLH), contudo, ela poderia ter alguma dúvida sobre seguir o costume de oferecer um pouquinho de incenso ao Imperador uma vez por ano.

Quem era ou o que era ser "temente a Deus"?

Os homens e as mulheres que adoravam a Deus eram normalmente chamados de "tementes a Deus". O que isso quer dizer? A erudita em Novo Testamento, Lynn Cohick, nos diz que os "tementes a Deus eram homens e mulheres gentios que ficavam na fronteira entre o judaísmo e o paganismo, e, muitas vezes, também o cristianismo. Sentiam-se atraídos pelo cristianismo, mas não eram prosélitos".[2] Lídia, uma gentia, era uma das que ficavam nesse limiar entre o judaísmo e o paganismo, aberta à verdade, porém incerta de onde a encontrar. Era aquilo que talvez possamos definir como os atuais "interessados".

Os mundos grego e romano eram repletos de inúmeros deuses com traços humanos que, essencialmente, determinavam suas ações. Por exemplo, Afrodite (correspondente à deusa romana Vênus) era a deusa do amor, da beleza e do desejo. Era casada com Hefesto, um ferreiro e o deus do fogo. No entanto, ela teve muitos casos extraconjugais. Hermes (para os romanos, Mercúrio) era o mensageiro dos deuses. Zeus (para os romanos, Júpiter) era o rei dos deuses, mas era o filho mais novo de dois Titãs. A maioria dos deuses gregos e romanos eram, portanto, muito "humanos" em suas fraquezas e debilidades.

Séculos antes, o poeta grego Homero havia capturado muito do panteão dos deuses gregos em sua obra épica *Ilíada*. A mitologia romana, incluindo sua própria lista de deuses e deusas, foi mais tarde explorada em *Eneida*. No entanto, os panteões de deuses retrocedem a muito mais cedo na história, e no Antigo Testamento

Lídia

aprendemos sobre os deuses locais de Canaã que eram, cada um, responsáveis pelo sucesso de uma determinada área. Por exemplo, um deus poderia ser o responsável pela chuva, outro pelas colheitas abundantes, outro ainda pela fertilidade dos animais ou dos seres humanos. Semelhantemente, os diversos deuses gregos eram populares em diferentes cidades por razões diversas. Vemos a reverência à deusa Diana (também chamada Artêmis) em Éfeso e, na cidade de Corinto, o maior dos templos era dedicado à veneração da deusa Afrodite.

Podemos balançar nossa cabeça e nos perguntar como as pessoas do primeiro século podiam ser tão ingênuas. Porém, antes que os descartemos, talvez devamos pensar sobre as formas com que depositamos nossa lealdade e confiança em qualquer coisa que não seja o único Deus verdadeiro. Embora talvez não nos curvemos diante de uma estátua feita de mármore ou madeira, podemos nos achar servindo uma longa lista de deuses: o deus do dinheiro, o deus da popularidade, o deus da segurança, o deus dos esportes, o deus dos jantares requintados, o deus da moda, o deus da beleza e por aí vai. Só porque não temos imagens de pedra sobre uma prateleira em nossa casa onde oferecemos um pouco de incenso várias vezes ao dia, não significa que sejamos inocentes quanto a idolatria. Qualquer coisa (ou pessoa) que idolatremos se torna um ídolo para nós. O que quer que receba uma quantia desordenada de nosso tempo ou recursos pode ser um ídolo para nós. Nossas contas de cartão de crédito podem nos "cutucar" para nos conscientizar sobre um deus que não percebemos estar adorando. Mesmo que vamos à igreja todo domingo, podemos descobrir que o Deus da Bíblia está perdido em meio à nossa adoração a outros deuses.

Contudo, por todo o Império Romano do primeiro século, havia homens e mulheres como Lídia que não acreditavam nos deuses populares de sua comunidade. Essas eram pessoas que já haviam se afastado intelectualmente da adoração aos deuses locais e nacionais de sua cidade ou província. Estavam abertos à possibilidade de uma alternativa. Mas qual? Embora não soubessem, o Espírito de Deus estava os conduzindo a questionar essas divindades locais e a considerar a ideia judaica de um Deus único e Todo-poderoso.

O pouco que sabiam sobre o Deus hebreu os levou a temê-lo. A figura veterotestamentária do Deus único que sabe de tudo, que está em toda parte e é Todo-poderoso inspirou reverência e temor a Ele. Por essa razão, eram chamados de tementes a Deus. Na maioria das vezes, eles nutriam simpatia pelo judaísmo e ouviriam qualquer um que pregasse em uma sinagoga judaica local. Como os apóstolos pregavam por todo o Império Romano, esses tementes a Deus buscavam a verdade e estavam prontos a dar atenção ao que lhes era dito.

Inscrições em tudo, desde vasos a edifícios, nos dizem que 80% dos tementes a Deus no Império Romano eram mulheres. Por esta razão, elas representam uma parte importante das congregações cristãs que estavam em formação. Embora não fossem contabilizadas na formação de uma sinagoga judaica — que contavam apenas os homens para determinar o tamanho de uma congregação —, elas se tornaram vitais para o surgimento e a vida das novas igrejas cristãs. Pode nos surpreender o fato de que as mulheres eram a maioria dentre os tementes a Deus no primeiro século. No entanto, eram exatamente elas que mais provavelmente questionavam e rejeitavam a panóplia de deuses e deusas adorados em sua comunidade. Como consequência, o Espírito de Deus as usou para influenciar outros a ouvirem o evangelho.

Essas mulheres tementes a Deus muitas vezes eram parte das plateias que os apóstolos encontravam enquanto pregavam por todo Império Romano. Elas eram inquiridoras determinadas que queriam saber mais. E, assim, encontramos Lídia, a temente a Deus, orientada pelo Espírito de Deus, entre as mulheres reunidas para oração à beira do rio naquele *Shabbat*. Lucas descreve o que aconteceu em seguida:

> *Certa mulher, chamada Lídia, da cidade de Tiatira, vendedora de púrpura, temente a Deus, nos escutava; o Senhor lhe abriu o coração para atender às coisas que Paulo dizia. Depois de ser batizada, ela e toda a sua casa, nos rogou, dizendo: Se julgais que eu sou fiel ao Senhor, entrai em minha casa e aí ficai. E nos constrangeu a isso.*
> (ATOS 16:14,15)

Conhecemos Lídia como a primeira convertida de Paulo ao cristianismo na Grécia. Além disso e da sua profissão, sabemos muito pouco sobre essa mulher. O texto não menciona marido, de forma que muitos eruditos acham que ela era viúva. Contudo, também é possível que ela fosse casada e seu marido estivesse longe, por longos períodos de tempo, em função dos negócios. Fica claro que ela era a pessoa encarregada do lar, levando outros membros da família a unirem-se a ela ao abraçar a fé em Jesus Cristo e reconhecê-lo publicamente por meio do batismo. Foi ela, também, que convidou Paulo e Silas a ficarem em sua casa como seus hóspedes. Os estudiosos dizem que Paulo e seus dois acompanhantes ficaram na casa de Lídia, em Filipos, por aproximadamente três meses, ensinando os novos cristãos e estabelecendo a congregação que se reunia na casa dessa bem-sucedida empreendedora.

PERIGOS, PROGRESSO E PESSOAS PROEMINENTES NO EVANGELISMO DO PRIMEIRO SÉCULO

A viagem missionária de Paulo a Filipos foi frutífera, mas não isenta de perigos. Certo dia, Paulo e Silas tiveram um encontro com certos homens maus que tiravam vantagem de uma escrava possuída por um demônio, de cujos presságios obtinham altíssimos lucros. Quando Paulo expulsou o demônio e a garota perdeu seus poderes de adivinhação, os senhores dela instigaram um tumulto. Paulo e Silas foram presos, severamente açoitados e lançados na prisão. Pode ser que você não saiba da história do terremoto no meio da noite que abriu as portas da prisão e libertou todos os prisioneiros de suas algemas. Mas os apóstolos não fugiram quando tiveram a oportunidade, o que poderia ter trazido a pena de morte ao oficial encarregado. Em agradecimento, o carcereiro levou os dois apóstolos a sua casa, alimentou-os, cuidou das feridas deles e ouviu sua mensagem. O Espírito de Deus tocou o coração daquele homem, e ele e toda sua família creram em Jesus como Salvador, sendo imediatamente batizados (ATOS 16:16-34).

Como cidadãos romanos desde o nascimento, Paulo e Silas jamais deveriam ter sido açoitados ou encarcerados sem um julgamento. Quando os pretores perceberam o que haviam permitido acontecer, tentaram fazer que Paulo e seus acompanhantes saíssem da cidade sorrateiramente. Todavia, como o açoitamento fora público, Paulo insistiu em uma demonstração pública de penitência:

> *Paulo, porém, lhes replicou: Sem ter havido processo formal contra nós, nos açoitaram publicamente e nos recolheram ao cárcere, sendo nós cidadãos romanos; querem agora, às ocultas, lançar-nos fora? Não será assim; pelo contrário, venham eles e, pessoalmente, nos ponham em liberdade. Os oficiais de justiça comunicaram isso aos pretores; e estes ficaram possuídos de temor, quando souberam que se tratava de cidadãos romanos. Então, foram ter com eles e lhes pediram desculpas; e, relaxando-lhes a prisão, rogaram que se retirassem da cidade. Tendo-se retirado do cárcere, dirigiram-se para a casa de Lídia e, vendo os irmãos, os confortaram. Então, partiram.* (ATOS 16:37-40)

Lídia

Perceba que Paulo e seus acompanhantes não se apressaram para sair de Filipos. Eles tinham um grupo de novos convertidos em Jesus Cristo que precisava de mais encorajamento. Apesar de os oficiais da cidade os apressarem, os apóstolos ficaram tempo bastante para assegurarem-se de que esses novos seguidores de Jesus possuíam conhecimento suficiente para que sua fé florescesse.

No entanto, note também que Paulo e seus acompanhantes foram para as proximidades, Tessalônica (ATOS 17:1). A distância entre Filipos e Tessalônica era de 171 quilômetros. Atualmente, a Egnácia E90, estrada de acesso limitado, permite aos motoristas cobrir essa distância em menos de duas horas. Contudo no Império Romano do primeiro século, a via acidentada e pavimentada com paralelepípedos era, na maioria das vezes, percorrida a pé. Você já tentou caminhar 171 quilômetros de um local ao outro? Quanto tempo levaria? Que tipo de compromisso a compeliria a andar essa distância para o próximo local de ministério? Sem que houvesse restaurantes *fast-food* ou pousadas confortáveis ao longo do caminho, a viagem dos apóstolos era demorada e, qualquer coisa, menos fácil.

Aquela longa caminhada de Filipos eventualmente trouxe Paulo, Silas e Timóteo a Tessalônica onde havia uma sinagoga judaica.

> *Paulo, segundo o seu costume, foi procurá-los e, por três sábados, arrazoou com eles acerca das Escrituras, expondo e demonstrando ter sido necessário que o Cristo padecesse e ressurgisse dentre os mortos; e este, dizia ele, é o Cristo, Jesus, que eu vos anuncio. Alguns deles foram persuadidos e unidos a Paulo e Silas, bem como numerosa multidão de gregos piedosos e muitas distintas mulheres.* (ATOS 17:2-4, ênfase adicionada)

A MULHER ORIENTADA PELO *Espírito de Deus*

Você notou quem estava ouvindo Paulo naqueles três *Shabbats*? Não apenas judeus o ouviam. Homens gregos tementes a Deus e muitas mulheres distintas estavam entre os ouvintes.

Novamente, o Espírito de Deus estava presente e abriu os corações para as boas-novas do amor de Deus por todas as nações. Gentios e judeus podiam ser perdoados e fazer parte da família da fé. Todavia, embora alguns tivessem abraçado a mensagem do evangelho, outros judeus de Tessalônica ficaram, por ele, irados.

> *Os judeus, porém, movidos de inveja, trazendo consigo alguns homens maus dentre a malandragem, ajuntando a turba, alvoroçaram a cidade e, assaltando a casa de Jasom, procuravam trazê-los para o meio do povo. Porém, não os encontrando, arrastaram Jasom e alguns irmãos perante as autoridades, clamando: Estes que têm transtornado o mundo chegaram também aqui, os quais Jasom hospedou. Todos estes procedem contra os decretos de César, afirmando ser Jesus outro rei.* (ATOS 17:5-7)

Não surpreende que, naquela mesma noite, os novos cristãos de Tessalônica enviaram Paulo e Silas a Bereia, outra longa caminhada de 72 quilômetros. E, de novo, eles primeiramente se dirigiram à sinagoga judaica:

> *Ora, estes de Bereia eram mais nobres que os de Tessalônica; pois receberam a palavra com toda a avidez, examinando as Escrituras todos os dias para ver se as coisas eram, de fato, assim. Com isso, muitos deles creram,* **mulheres gregas de alta posição e não poucos homens.** (ATOS 17:11,12, ênfase adicionada)

Você observou um padrão aqui? Nas grandes cidades do norte da Grécia, o Espírito de Deus alcançava o coração de muitos homens e mulheres gregos proeminentes.

Lídia

MULHERES PROEMINENTES

Quem eram essas mulheres proeminentes que se tornaram crentes em Jesus Cristo? No capítulo 1, encontramos Maria Madalena, Joana, Susana e outras mulheres que podiam, abertamente, viajar com o grupo de Jesus em uma cultura que tradicionalmente isolava as mulheres. Aprendemos que, por elas serem benfeitoras que supriam as necessidades básicas de Jesus e dos doze discípulos, elas usufruíam de visibilidade e de aceitação que não era concedida a outras mulheres. De modo semelhante, à medida que Paulo e seus acompanhantes transitavam pelo Império Romano no lado norte do mar Mediterrâneo, eles frequentemente encontravam aceitação para sua mensagem por parte de mulheres de alta posição, incluindo mulheres de negócio como Lídia. Por que Lucas se esforçou em registrar a presença dessas mulheres ao descrever as viagens de Paulo de cidade a cidade na Grécia?

O Espírito de Deus estava claramente agindo na vida dessas mulheres de maneira que beneficiariam as recém-formadas congregações de seguidores de Jesus. Essas mulheres eram proeminentes, tinham aceitação e influência em suas comunidades. As pessoas as estimavam e as ouviam por causa da integridade delas e apoio comunitário. Apesar da antiga influência de filósofos como Platão e Aristóteles (que ensinavam que as mulheres eram ingênuas, promíscuas e totalmente inferiores aos homens), estátuas de mulheres de alta posição haviam sido erigidas em numerosas cidades gregas em honra a muitas delas.

O que era preciso para ser reconhecida como uma mulher proeminente? É bem possível que elas fossem abastadas, instruídas e tivessem boas ligações sociais. Como Maria Madalena, Joana e Susana e as demais mulheres de Lucas 8, algumas delas eram benfeitoras e usavam sua riqueza para auxiliar o próximo. Outras podem ter sido empresárias de sucesso como Lídia. Outras, viúvas. Muito provavelmente, sua proeminência não repousava somente em serem casadas com homens ricos, mas era decorrente de seu próprio envolvimento na comunidade. Quando elas demonstraram interesse pelo evangelho, isso deve ter gerado interesse em outros para considerar as boas-novas que Paulo e seus acompanhantes pregavam.

Como pessoas de influência e recursos, elas provavelmente também possuíam casas grandes o bastante para servir como local de reunião para os cristãos. Em todas as cartas do Novo Testamento encontramos igreja após igreja começando e sendo mantida nas casas pertencentes a mulheres (ATOS 16:40; ROMANOS 16:3-5; 1 CORÍNTIOS 1:11; COLOSSENSES 4:15). Elas entendiam que aquilo que possuíam viera da mão de Deus e usavam o que Ele lhes concedera em benefício das igrejas crescentes. Vemos que Lídia, a mulher temente a Deus que estava na beira do rio, imediatamente compartilhou as boas-novas com toda sua família em resposta à mensagem de Paulo. Essa família poderia ter incluído os trabalhadores de sua empresa, bem como os servos que cuidavam da manutenção de sua propriedade. Todos foram batizados com ela, e foi na casa de Lídia que nasceu e foi nutrida a primeira igreja em solo grego. Lídia usou tudo o que Deus lhe concedera para promover a verdade que ela havia abraçado e a qual desejava compartilhar com outros.

Usando nossa influência para os propósitos divinos

Influência é o efeito ou poder que uma pessoa tem de mudar como outra pensa ou age. Todos nós influenciamos. Mas nossa influência pode ser boa ou ruim, dependendo de como decidimos usá-la. Escolhemos fornecer um modelo de honestidade ou somos descuidadas com o dizer a verdade? Decidimos ser padrão de generosidade ou somos mesquinhas? As pessoas que nos admiram podem seguir qualquer exemplo que estabelecemos. Então, como usamos nossa influência pode impactar positiva ou negativamente as crianças impressionáveis, ou os amigos, ou outros.

Lídia tinha influência. Possuía riquezas, uma casa grande e contatos em Tiatira e Filipos. Somos encorajadas quando vemos como ela usou a influência que Deus lhe concedera. Ela imediatamente compartilhou a fé recém-descoberta em Jesus Cristo com todos em sua família. Depois abriu sua grande casa para os apóstolos e para todos que se unissem a ela em aprender sobre a vida cristã. Lídia nos fornece um modelo de influência exercida para bons propósitos.

Perceba como o Espírito de Deus estava agindo, primeiramente orientando Paulo e seus acompanhantes a sair da Turquia em direção a Grécia, depois guiando-os à mulher mais influente que era sensível à mensagem de Jesus Cristo. Ao mesmo tempo, o Espírito de Deus já estivera agindo sobre a vida de Lídia, capacitando-a a dar as costas aos deuses e deusas de sua comunidade e entregar-se ao único Deus verdadeiro. E, enquanto Paulo e seus acompanhantes andavam à margem do rio, o Espírito de Deus os conduziu a Lídia.

De forma semelhante, o Espírito de Deus continua agindo para nos orientar e guiar hoje em dia. O apóstolo Paulo observou isso em sua carta aos romanos quando lhes lembrou "…que todas as coisas cooperam para o bem daqueles que amam a Deus…" (ROMANOS 8:28). Isso é o Espírito de Deus em ação, orientando-nos mesmo quando não reconhecemos Sua presença em nossa vida.

Questões para reflexão pessoal ou grupo de estudo

1. Sem ser seus pais ou aqueles que cuidaram de você em sua infância, quem teve a maior influência positiva sobre você? De que maneira a influência dessa pessoa a moldou?

2. Que tipo de coisas seus influenciadores espirituais fizeram ou disseram que a afetou?

3. Quem você diria que tem influenciado seu pensamento sobre assuntos espirituais mais recentemente? Compartilhe as razões para sua resposta.

4. Quem primeiro lhe vem à mente quando você pensa sobre aqueles que estão dentro de seu círculo de influência? Se você pudesse, de alguma forma, ter uma influência positiva sobre eles dentro das próximas 24 horas, qual você gostaria que fosse? Por quê?

Reflexão pessoal

Dâmaris

O ESPÍRITO DE DEUS NOS ORIENTA PARA A VERDADE EM UMA CULTURA ENGANOSA

A MAIORIA DE NÓS vive em culturas nas quais distorcer a verdade, ou mentir descaradamente, parece ser correto. Temos por certo que os políticos prometerão qualquer coisa — não importa quão excêntrico — para conquistar nossos votos. Não nos surpreende ouvir as notícias de outro fabricante pego em uma rede de divulgações enganosas sobre algum produto. E, longe de ser exceção, a corrupção nas instituições públicas locais e nacionais parece ser a regra. Podemos reclamar sobre o estado das coisas de tempos em tempos, mas, no final, nós os tomamos apenas como exemplos de uma cultura na qual algum tipo de engano é "costumeiro".

Um dos desafios de viver em tal cultura é que, se as mentiras forem repetidas com frequência e cridas por um número suficiente de pessoas, podemos facilmente nos tornar vítimas de um engano difundido: crermos em algo que não é verdadeiro simplesmente porque a maioria das pessoas ao nosso redor crê que *seja* verdade. Nesse ponto, nossa cultura vai além de nos dizer no que crer e, na verdade, nos cega para as alternativas verdadeiras. A historiadora Anne Firor Scott nos adverte:

> É fato óbvio, ainda que fácil de ser esquecido, que as pessoas veem mais facilmente as coisas que são preparadas para ver e negligenciam o que não esperam encontrar. [...] Por nossa mente estar anuviada, não vemos aquilo que está diante de nossos olhos. O que obscurece nossa mente é, naturalmente, a cultura que a qualquer momento nos ensina o que ver e o que não ver.[1]

Não é fácil resistir às mentiras sempre que nos são sussurradas pela cultura ao longo do dia. Mas, no final, a forma como reagimos a elas importa muito. Aquilo que cremos ser verdade sobre nosso propósito de vida ou sobre Deus faz toda a diferença em como vivemos todos os dias. Não é um caso isolado. É um modo de pensar e viver que abrange a vida toda. Assim, é importante que saibamos a verdade sobre Deus, sobre nós mesmos, sobre o mundo e sobre o mundo porvir.

Esse não é um problema novo para nós do século 21. Discernir entre a verdade e o erro desafia os pensadores quase desde os primórdios dos tempos. Uma mulher chamada Dâmaris, na antiga Grécia, lutava com isso enquanto avaliava as distorções impostas à verdade pelos grandes pensadores de sua época. Algum deles falava a verdade? Como ela poderia saber o que era realmente verdade?

Mesmo naquela época, o problema de discernir a verdade não era novo. No Antigo Testamento, os amigos de Jó aumentaram sua versão da verdade mesmo quando o sofredor Jó se agarrou ao que ele tinha certeza de ser verdade. No fim, Deus vindicou Jó, condenando seus amigos por sua distorção da verdade.

Quando nos voltamos para o Novo Testamento, encontramos Jesus tendo um *tête-à-tête* com os líderes religiosos que torciam a verdade divina de forma enganosa. Seus amigos mais próximos lutavam para entender o que deveriam crer sobre Deus e como seria o relacionamento humano com esse Deus. Em meio ao falso julgamento de Jesus, até Pilatos levantou a questão da verdade. Veja esse recorte da conversa entre esse governador e Jesus:

> *Tornou Pilatos a entrar no pretório, chamou Jesus e perguntou-lhe: És tu o rei dos judeus? Respondeu Jesus: Vem de ti mesmo esta pergunta ou to disseram outros a meu respeito? Replicou Pilatos: Porventura, sou judeu? A tua própria gente e os principais sacerdotes é que te entregaram a mim. Que fizeste? Respondeu Jesus: O meu reino não é deste mundo. Se o meu reino fosse deste mundo, os meus ministros se empenhariam por mim, para que não fosse eu entregue aos judeus; mas agora o meu reino não é daqui. Então, lhe disse Pilatos: Logo, tu és rei? Respondeu Jesus: Tu dizes que sou rei. Eu para isso nasci e para isso vim ao mundo, a fim de dar testemunho da verdade. Todo aquele que é da verdade ouve a minha voz. Perguntou-lhe Pilatos: Que é a verdade?* (JOÃO 18:33-38)

Não sabemos o tom de voz usado por Pilatos para fazer a última pergunta. Estava sendo sarcástico? Cruel? Sério?

Jesus veio ao mundo "a fim de dar testemunho da verdade" — para revelar a verdade sobre Deus ao povo afundado em falsidades. Pilatos sabia que Jesus era inocente das acusações que os líderes judeus faziam. No entanto, estava preso entre suas falsidades repetitivas e generalizadas e a verdade sobre Jesus e Sua missão.

Os pensadores há muito eram assombrados pela pergunta de Pilatos: *Que é a verdade?* Quatrocentos anos antes, Platão, o brilhante filósofo grego, fez dela a principal questão em suas reflexões. Em determinado ponto, pergunta: "Não é ruim estar enganado sobre a verdade e não é bom saber qual é a verdade? Pois concluo que conhecer a verdade quer dizer conhecer as coisas como elas realmente são. Em outra ocasião perguntou: 'Há algo mais proximamente ligado à sabedoria do que a verdade?'".

A pergunta de Platão ressoava tanto com a cultura e pensamento gregos que, por séculos, aqueles que vieram após ele continuaram lutando quanto ao que era a verdade. No tempo em que o apóstolo Paulo chegou à Grécia, o discurso público sobre a verdade havia se tornado um passatempo nacional. Em nosso capítulo anterior, conhecemos a temente Lídia cuja busca pelas "coisas como elas realmente são" terminou na verdade encontrada durante uma reunião de oração com o apóstolo Paulo à margem do rio em Filipos. Agora conhecemos uma mulher intelectual chamada Dâmaris que ouvia todo tipo de mestre ateniense, também buscando a verdade em meio a um milhão de mentiras. Quais eram as opções dela?

As "últimas tendências" sobre a verdade em Atenas
Quando a viagem missionária do apóstolo Paulo o levou de Bereia a Atenas, ele entrou em uma cidade e cultura imersas em mentiras sobre Deus. Para onde quer que virasse encontrava ídolos. Lucas traz a história nesses termos:

> *Enquanto Paulo os esperava em Atenas, o seu espírito se revoltava em face da idolatria dominante na cidade. Por isso, dissertava na sinagoga entre os judeus e os gentios piedosos; também na praça, todos os dias, entre os que se encontravam ali. E alguns dos filósofos epicureus e estoicos contendiam com ele...* (ATOS 17:16-18)

Você notou com quantos grupos diferentes de pessoas Paulo se envolveu em debate sobre o evangelho? Judeus, gentios piedosos, filósofos epicureus e estoicos. Pense na amplitude de conhecimento que ele trouxe para essas quatro diferentes plateias. Na sinagoga, provavelmente falando hebraico, ele pôde debater com os judeus porque podia explorar um profundo conhecimento sobre a forma de Deus lidar com a nação hebraica e a promessa de um Messias, a quem Deus já havia enviado ao mundo. Nas sinagogas também interagia com os gentios piedosos presentes, usando as Escrituras veterotestamentárias com eles de forma que os atraía à fé no Deus-Homem, Jesus Cristo. Mas Paulo não passou tempo somente na sinagoga; também foi à praça pública falando com qualquer um que estivesse interessado e se envolveu em debates com os filósofos epicureus e os estoicos.

Vamos observar mais de perto os epicureus. Quem eram eles? O que Paulo precisava saber para iniciar um debate sério com eles? Os epicureus eram seguidores do filósofo Epicuro (307 a.C.), um materialista que atacava todas ideias de intervenção divina. Para os materialistas não existe nada a não ser o que tocamos ou vemos. Não há Deus no Céu ou em qualquer outro lugar. Paulo precisaria saber isso sobre eles porque sua mensagem era precisamente sobre o Deus que é "o Rei dos reis e Senhor dos senhores; o único que possui imortalidade, que habita em luz inacessível, a quem homem algum jamais viu, nem é capaz de ver" (1 TIMÓTEO 6:15,16). Como você apresenta o Deus sobrenatural a materialistas que negam a existência de tudo, com exceção da matéria sólida? Paulo precisava encontrar uma forma de ajustar a sua mensagem sobre o Deus eterno para aquela multidão de epicureus.

Se existe apenas a matéria, então o bem maior na Terra seria o prazer. É por isso que, quando ouvimos a palavra "epicureu" atualmente, tendemos a pensar nas pessoas cuja filosofia de vida é uma versão de "comamos e bebamos, que amanhã morreremos". Hoje em dia os epicureus são devotados ao prazer, ao conforto, ao alto padrão de vida porque, na perspectiva deles, isso é tudo o que há.

No entanto, isso não era exatamente o que o filósofo Epicuro tinha em mente. Ele cria que os seres humanos obtêm o maior prazer não da excessiva autoindulgência, mas de viver modestamente e em limitar seus desejos. Se o fizermos, ele argumentava, nos tornaremos tranquilos, e a tranquilidade se constitui na mais elevada forma de prazer ou felicidade. E há verdade nisso. Porém, na filosofia dos epicureus a sua base se encontra em negar qualquer realidade sobrenatural, seja as crenças judaica, cristã ou ateniense sobre o mundo imaterial.

Quando o apóstolo Paulo debateu com os epicureus, seu desafio era persuadi-los de que o mundo imaterial não apenas existia, mas que importava muito visto que era o reino do Deus eterno e invisível. Ao mesmo tempo, ele precisava deixar claro que o único Deus verdadeiro era diferente dos deuses e deusas das várias religiões gregas.

E havia os estoicos. Quem eram eles? Seu nome vem de *stoa*, ou pórtico, na *Agora* (mercado) onde eles regularmente se encontravam. Como filósofos, eram relativamente novos, mas seus dogmas centrais tinham raízes profundas no pensamento grego.

Você pode estar familiarizado com a palavra "estoico" que vem desse antigo grupo filosófico grego. Ela significa ser capaz de suportar dor ou problemas sem demonstrar emoções e sem reclamar. Essa é uma descrição razoavelmente correta da filosofia estoica básica. Para eles, demonstrar emoções, especialmente o medo, ou inveja, ou amor apaixonado por qualquer coisa, marcava a pessoa como escravo do que quer que produzisse aquela emoção. Uma pessoa sábia estava em controle completo de suas emoções, o que era evidenciado em paciência ou resignação. Aristóteles havia argumentado que os homens diferem das mulheres em sua habilidade de serem "autocontidos, firmemente determinados". O que é o mesmo que dizer que os homens eram capazes de controlar suas emoções de formas que as mulheres não poderiam. Isso, para um estoico, era considerado o bem maior.

Ao debater com os estoicos, o desafio de Paulo incluía apresentar-lhes o Deus que amou o mundo de tal maneira que o invadiu para o redimir. Os cristãos cantam: "Seu grande amor vem requerer minha alma, a vida e todo o ser" (HCC, 127). Uma demonstração tão abundante de amor seria a antítese do controle emocional que um sábio estoico considerava essencial.

Portanto, não surpreende quando lemos que os ouvintes de Paulo ficaram céticos quando ele lhes falou sobre Jesus e Sua ressurreição:

> *E alguns dos filósofos epicureus e estoicos contendiam com ele, havendo quem perguntasse: Que quer dizer esse tagarela? E outros: Parece pregador de estranhos deuses; pois pregava a Jesus e a ressurreição. Então, tomando-o consigo, o levaram ao Areópago, dizendo: Poderemos saber que nova doutrina é essa que ensinas? Posto que nos trazes aos ouvidos coisas estranhas, queremos saber o que vem a ser isso.* (ATOS 17:18-20)

É provável que Dâmaris ouvira todos esses argumentos, tanto epicureu quanto estoico. Dado à sua posição na comunidade, ela deveria conhecer todos os detalhes de cada premissa dada por esses debatedores. De outro modo, ela não teria estado presente a essa excepcional reunião do alto conselho.

O "alto conselho" a que Lucas se refere era chamado de Areópago (nome de seu local de reunião na colina de Ares). Era um conjunto de governantes em Atenas naquele tempo. Não muito depois de sua chegada, Paulo, um estrangeiro, foi convidado a falar para esse importante grupo de líderes. Isso era nada mais do que Deus em ação, abrindo portas para Paulo, que era singularmente equipado para atravessá-las.

Nesse ponto, Lucas interrompe sua narrativa para lembrar aos seus leitores de que: "todos os de Atenas e os estrangeiros residentes de outra coisa não cuidavam senão dizer ou ouvir as últimas novidades" (ATOS 17:21). Parece que essa era uma cidade na qual todos faziam a velha pergunta: O que é a verdade? Então, Lucas nos dá a essência do discurso de Paulo a essa plateia altamente instruída. Perceba o quão astutamente Paulo se dirige às práticas deles, e, ainda assim, tece uma introdução à verdade divina:

> *Então, Paulo, levantando-se no meio do Areópago, disse: Senhores atenienses! Em tudo vos vejo acentuadamente religiosos; porque, passando e observando os objetos de vosso culto, encontrei também um altar no qual está inscrito: AO DEUS DESCONHECIDO. Pois esse que adorais sem conhecer é precisamente aquele que eu vos anuncio. O Deus que fez o mundo e tudo o que nele existe, sendo ele Senhor do céu e da terra, não habita em santuários feitos por mãos humanas. Nem é servido por mãos humanas, como se de alguma coisa precisasse; pois ele mesmo é quem a todos dá vida, respiração e tudo mais; de um só fez toda a raça humana para habitar sobre toda a face da terra, havendo fixado os tempos previamente estabelecidos e os limites da sua habitação; para buscarem a Deus se, porventura, tateando, o possam achar, bem que não está longe de cada um de nós; pois nele vivemos, e nos movemos, e existimos, como alguns dos vossos poetas têm dito: Porque dele também somos geração. Sendo, pois, geração de Deus, não devemos pensar que a divindade é semelhante ao ouro, à prata ou à pedra, trabalhados pela arte e imaginação do homem. Ora, não levou Deus em conta os tempos da ignorância; agora, porém, notifica aos homens que todos, em toda parte, se arrependam; porquanto estabeleceu um dia em que há de julgar o mundo com justiça, por meio de um varão que destinou e acreditou diante de todos, ressuscitando-o dentre os mortos.* (ATOS 17:22-31)

Aparentemente, Paulo conquistou a atenção deles quando disse: "ressuscitando-o dentre os mortos". Nesse ponto, os ouvintes irromperam. Alguns riram com desprezo, mas outros disseram que queriam ouvir mais sobre isso em outra ocasião.

Veio algum resultado desse encontro de Paulo com aquela nobre audiência? Bem, sim. "Houve, porém, alguns homens que se agregaram a ele e creram; entre eles estava Dionísio, o areopagita, uma mulher chamada Dâmaris e, com eles, outros mais" (ATOS 17:34).

Conforme observado anteriormente, onde quer que vejamos um nome citado em Atos ou nas cartas apostólicas, quer dizer que a pessoa já era conhecida entre as igrejas por seu ministério. Nem todos os novos cristãos eram citados, mas é claro que Dionísio e Dâmaris foram selecionados entre os convertidos daquele dia por seu sincero e duradouro envolvimento no ministério, ocorrido mais tarde.

As conversões de Dionísio e Dâmaris são um lembrete de que nas outras cidades gregas já visitadas por Paulo "numerosa multidão de gregos piedosos e muitas distintas mulheres" se tornaram crentes em Jesus Cristo. Em muitos casos, esses novos convertidos eram pessoas de influência. Suas conversões forneciam o fundamento para as novas igrejas onde quer que os apóstolos fossem.

Uma mulher intelectual em Atenas?

O que "uma mulher chamada Dâmaris" fazia em uma reunião com o alto conselho governante de Atenas? Por que ela não foi apenas permitida a assistir as reuniões, mas também a estar interessada em discussões filosóficas entre as elites atenienses?

Séculos antes, o filósofo grego Aristóteles havia ensinado que as mulheres trariam a desordem e o mal ao governo. Ele as considerava "completamente inúteis" e sentia que elas "causavam mais confusão do que o inimigo".[2] Por essa razão, ele cria que era melhor manter as mulheres separadas do resto da sociedade civil. Assim, durante séculos, as mulheres atenienses casadas ficaram isoladas em casa com pouca exposição ao mundo exterior. Por isso, a

Dâmaris

presença de Dâmaris naquela reunião exclusiva do Areópago, em que Paulo pregou, é especialmente intrigante.

Os estudiosos dizem que, se uma mulher era permitida a participar de um debate intelectual em uma arena pública, ela, provavelmente, seria uma *hetaera*, uma cortesã (prostituta de alta classe). Ela seria inteligente, bem instruída e capaz de envolver seus clientes intelectualmente. Em muitos casos, a *hetaera* tinha relacionamentos longos com homens ricos e poderosos. Diz-se que elas estavam entre as pessoas mais independentes, ricas e influentes em Atenas.

A Bíblia não nos diz que Dâmaris era uma cortesã, mas o fato de ela estar presente não apenas em praça pública, mas, mais tarde, na reunião mais íntima no alto concílio do Areópago, indica que era provável que estivesse em um relacionamento com um dos líderes de Atenas. Além disso, somente uma pessoa altamente instruída conseguiria seguir os debates filosóficos que levaram Paulo à sessão com os líderes na colina de Ares. O que sabemos sobre Dâmaris nos é informado pela Bíblia; Lucas registra que ela respondeu imediata e sinceramente às palavras de Paulo e se tornou seguidora de Jesus Cristo (ATOS 17:34). Ela tinha conhecimento suficiente das alternativas filosóficas e religiosas para reconhecer a verdade quando a ouvia.

Por conhecermos o nome dela, também sabemos que ela se tornou uma obreira reconhecida nas igrejas e seria amplamente respeitada. O que alguém como Dâmaris poderia trazer para as novas igrejas? Pense sobre um dos atributos básicos de uma *hetaera* em Atenas. Ela tinha habilidade o bastante em filosofia e debate gregos para não só seguir uma discussão de alto nível, mas, também, tinha sua mente classificada entre as maiores da cidade. Essa é uma mulher diferente da empresária Lídia ou das mulheres influentes de Tessalônica e Bereia.

Em vez da perspicácia econômica e empresarial, era provável que fosse o intelecto sagaz de Dâmaris e sua habilidade para interagir com os instruídos atenienses que Deus usou para causar impacto pelo reino. Ela podia construir pontes teológicas e filosóficas para as elites atenienses. Quando ela se tornou devota e perspicaz seguidora de Jesus Cristo, podia comunicar as verdades mais profundas sobre Deus e a salvação para as pessoas que buscavam por uma alternativa sem os deuses e deusas da religião ateniense.

Deus usou mulheres ricas para apoiar Jesus e Seu grupo durante Seu ministério na Galileia. Em Jope, Deus usou Dorcas para vir em socorro de algumas pessoas desprovidas e desprezadas, as viúvas e os pobres. Em Filipos, Ele usou a empresária Lídia para alcançar outros em uma cidade romana. Em Atenas, um grande centro intelectual do mundo antigo, Deus usou Dâmaris — uma mulher especialmente dotada para se tornar uma comunicadora eficaz por Jesus Cristo e Seu reino entre as elites intelectuais da cidade em que morava.

Encontrando a verdade

Como podemos observar nas reações ao evangelho que Paulo obteve em toda a Grécia — em Filipos, em Tessalônica, em Bereia e agora em Atenas —, parece que muitos homens e mulheres proeminentes estavam fazendo a pergunta de Pilatos no íntimo de sua alma: *Que é a verdade? Como podemos saber o que é verdade e o que é falso?*

É possível que essa fome pela verdade estivesse no DNA dos gregos. Muito antes, seu filósofo Platão havia escrito: "O que está em questão é a conversão da mente do crepúsculo do erro para a verdade". De alguma forma, para ele, conhecer a verdade revelaria a realidade eterna: o que realmente importa em longo prazo.

A resposta de Jesus a Pilatos é a que precisamos ouvir hoje: "...se o meu reino fosse deste mundo, os meus ministros se empenhariam por mim, para que não fosse eu entregue aos judeus; mas agora o meu reino não é daqui. [...] Eu para isso nasci e para isso vim ao mundo, a fim de dar testemunho da verdade. Todo aquele que é da verdade ouve a minha voz" (JOÃO 18:36,37).

Dâmaris

Jesus não apenas falava a verdade (revelando Deus a nós, seres humanos), mas nos assegurou de um infalível guia à verdade: o Espírito Santo. "...o Espírito Santo, a quem o Pai enviará em meu nome, esse vos ensinará todas as coisas e vos fará lembrar de tudo o que vos tenho dito. Deixo-vos a paz, a minha paz vos dou..." (JOÃO 14:26,27). De fato, pouco antes de ser preso, Jesus disse a Seus seguidores: "...convém-vos que eu vá, porque, se eu não for, o Consolador não virá para vós outros; se, porém, eu for, eu vo-lo enviarei. [...] quando vier, porém, o Espírito da verdade, ele vos guiará a toda a verdade" (JOÃO 16:7,13).

Sabemos quando algo encontra eco dentro em nós. Frequentemente, isso é o Espírito de Deus em ação, orientando-nos à verdade (JOÃO 14:17). Deus enviou Jesus ao mundo como o Caminho, a *Verdade* e a Vida. Depois nos concedeu o Espírito Santo para nos guiar a toda verdade, para nos orientar a examinar a miríade de falsos deuses, ídolos e valores que desordenam o cenário do século 21. O Espírito de Deus estava presente em Atenas, naquele dia, guiando Dâmaris a reconhecer a verdade de Deus em meio a uma cultura abundante em erros. E Ele está presente conosco no dia de hoje, capacitando-nos a reconhecer a verdade sobre Jesus Cristo que dará suporte à nossa fé em qualquer cultura próspera em mentiras e enganos.

PODE UMA PROSTITUTA DE LUXO SE TORNAR UMA TESTEMUNHA CONFIÁVEL NAS IGREJAS?

Imagine se a história de Dâmaris tivesse acontecido não há milhares de anos e a milhares de quilômetros de nós, mas recentemente em nossa comunidade. Como você imagina que você ou outras pessoas reagiriam se ouvissem que ela agora era ativa no ministério? É possível que, embora alguns a apoiassem, outros a questionariam ou, talvez, a condenariam abertamente. Pode ser que diriam: "Você está dizendo que uma prostituta de luxo está se tornando conhecida por seu ministério nas igrejas cristãs? O que está errado com os líderes que estão permitindo que isso aconteça? Veja o tipo de pessoa que ela era. Como podemos crer em qualquer coisa que ela diga?".

O apóstolo Paulo se defrontou com esse tipo de julgamento muitas vezes. Na verdade, ele teve que desafiar os judeus que tinham coisas semelhantes a dizer sobre os imorais gentios:

> *Portanto, és indesculpável, ó homem, quando julgas, quem quer que sejas; porque, no que julgas a outro, a ti mesmo te condenas; pois praticas as próprias coisas que condenas. [...] Tu, ó homem, que condenas os que praticam tais coisas e fazes as mesmas, pensas que te livrarás do juízo de Deus? Ou desprezas a riqueza da sua bondade, e tolerância, e longanimidade, ignorando que a bondade de Deus é que te conduz ao arrependimento?*
> (ROMANOS 2:1,3,4)

Mais tarde, Paulo concluiu: "...pois todos pecaram e carecem da glória de Deus, sendo justificados gratuitamente, por sua graça, mediante a redenção que há em Cristo Jesus" (ROMANOS 3:23,24). Essas são as palavras finais de Deus a um espírito julgador. A graça é maior do que nosso pecado. Quando uma mulher como Dâmaris testifica da graça de Deus em sua vida, nós a ouvimos porque ela fala a verdade.

Dâmaris e o membro do conselho da cidade, Dionísio, ouviram o Espírito de Deus e tomaram a decisão que mudaria suas vidas: tornaram-se seguidores de Jesus Cristo. Sem essa decisão, seus nomes estariam perdidos na poeira da história. Atualmente, nós os honramos pronunciando seus nomes porque eles escolheram seguir Jesus Cristo e estão contados entre aqueles a quem Deus usou notavelmente no ministério. Desviaram-se daquilo que era falso e abraçaram a verdade, a verdade sobre Deus em Cristo. O Espírito de Deus os guiou à Verdade.

Dâmaris

Identifico-me com Dâmaris. Sua experiência anterior com as muitas facetas da falsidade lhe abriram o caminho para a verdade. Quando ouviu a mensagem de Paulo, ela pôde dar seus passos em direção à verdade. O Espírito de Deus a capacitou a se tornar uma seguidora de Jesus Cristo e uma participante ativa nas igrejas do primeiro século. Embora eu tenha crescido em círculos cristãos, na adolescência eu constantemente fazia perguntas, no fundo de minha alma, sobre a verdade dos ensinos bíblicos sobre Jesus e a salvação. No entanto, à medida que eu contemplava as alternativas, lembro-me de um dia estar de joelhos dizendo a Deus que eu viveria minha vida "como se o que eu sabia sobre Jesus fosse verdade". Eu não tinha certeza, mas possuía o suficiente para prosseguir confiando em Deus para todo o restante. Foi muito mais tarde em minha vida que percebi que tal decisão era a essência da fé — confiar no que é invisível, mas, mesmo assim, a verdade absoluta.

O Espírito de Deus sussurra a verdade na qual podemos confiar, mesmo quando questionamos sobre ela. E pela graça de Deus, vivemos nessa verdade pela fé e, um dia, descobriremos que ela é realmente a verdade.

Questões para reflexão pessoal ou grupo de estudo

1. Em Atenas, Paulo encontrou diversas filosofias e escolas de pensamento, cada uma com suas próprias ideias sobre o que seria mais importante na vida. Por exemplo, os epicureus definiam o prazer em termos de tranquilidade e negavam a realidade espiritual; os estoicos estimavam o controle emocional. Se a cultura contemporânea fosse uma escola formal de pensamento, como você descreveria o que ela exalta, estima e nega? Que mensagem isso comunica sobre o que é mais importante na vida? E sobre o que é a verdade?

2. Dâmaris era uma mulher instruída e de mente perspicaz. Apesar do fato de viver em uma cultura imersa em falsos deuses, ela reconheceu os ensinos de Paulo sobre o Deus único e foi cativada por esse ensino. À medida que você reflete sobre o discurso de Paulo no Areópago (ATOS 17:22-31), qual das declarações desse apóstolo você imagina que mais deve ter se destacado para Dâmaris? Por quê?

3. Ao longo de sua vida, como você caracterizaria sua busca pela antiga questão: *Que é a verdade?* Em quais épocas você fez esse questionamento de forma mais intensa? A que ponto essa é uma resposta que você ainda busca neste momento de sua vida? Por exemplo, você pensa sobre isso e ainda luta com esse questionamento? Preocupa-se? Ou algo mais entre os dois? Compartilhe as razões para sua resposta.

Reflexão pessoal

Priscila e Áquila

O ESPÍRITO DE DEUS NOS ORIENTA EM EVENTOS ESTRESSANTES

MINHA PRIMEIRA EXPOSIÇÃO ao que significa ser uma refugiada — alguém que foi forçado a fugir de seu país — veio por meio de minha amiga de escola chamada Mônica. Assim como a família Von Trapp, no filme *A noviça rebelde*, a família de Mônica teve uma fuga angustiante de Viena quando as forças nazistas invadiram a Áustria em março de 1938. Os pais dela, psicanalistas que trabalhavam próximos a Sigmund Freud, nos anos 1930, sabiam que tinham que fugir para a Suíça enquanto isso ainda era possível. A jornada deles de trem cruzando a Áustria foi tensa porque a Gestapo alemã subia e descia dos vagões de trem, buscando pessoas como os pais dela que poderiam ser úteis ao Terceiro Reich. Uma vez a salvo na Suíça, mais tarde emigraram para os Estados Unidos.

É difícil imaginar todas as mudanças e perdas que a família dela experimentou enquanto faziam as poucas malas e deixavam todo o resto para trás a fim de fugir no meio da noite. Além de perder a casa e a propriedade, bem como uma importante família e relacionamentos de trabalho, perderam a estabilidade de uma vizinhança que lhes era familiar, o conhecimento da comunidade e a habilidade de prosseguir com as rotinas da vida com tranquilidade. Depois, tiveram que assumir uma miríade de novos desafios: aprender inglês, decifrar as diferentes expectativas culturais e enfrentar o preconceito e a suspeita de que eles, de alguma forma, estivessem alinhados com o regime do qual haviam arriscado sua vida para escapar. Era uma experiência extremamente estressante e de autonegação para Mônica e a família dela.

O drama dos refugiados persiste até os dias atuais e permeia toda a história humana. Em 722 a.C., as dez tribos de Israel estavam oprimidas pelo exército Assírio e a maioria dos israelitas foram forçados a sair de Israel e se estabelecer longe de seu país (2 REIS 17:24,25). Em 605 a.C., o mesmo ocorreu com as duas tribos que viviam em Judá quando o exército babilônio conquistou Jerusalém e arrastou os líderes judeus à Babilônia (2 CRÔNICAS 36:12-20). Depois em 139 a.C., todos os judeus foram expulsos de Roma por causa de suas bombásticas táticas missionárias. No ano 19 d.C., o imperador Tibério, mais uma vez, expulsou os judeus de Roma por razão semelhante. Assim, não surpreende que, em algum momento entre 49 e 51 d.C., o imperador romano Cláudio decretasse que os judeus residentes em Roma deveriam deixar o país. Um marido e sua esposa que lá viviam, a quem conheceremos em breve em Corinto, estavam entre os deportados. E, como logo veremos, essa deportação seria importante para o apóstolo Paulo.

Paulo estava em Atenas, esperando que Silas e Timóteo se encontrassem com ele lá (ATOS 17:16). Pelo fato de sua pregação em Bereia ter resultado em tantas conversões, os judeus de Tessalônica, irritados, vieram a Bereia para lhe causar problemas. A fim de protegê-lo, os novos cristãos em Bereia forçaram Paulo a ir para Atenas, enquanto Silas e Timóteo ficaram para trás a fim de fortalecer os novos cristãos em seu entendimento do evangelho. Então, conforme vimos no capítulo anterior, Paulo estava sozinho em Atenas. Depois de seu frutífero trabalho lá, o apóstolo tomou seu caminho — talvez por mar, desta vez — para Corinto (ATOS 18:1). Outra cidade nova. Outro tanto de problemas para resolver e estratégias para implementar. Uma mudança após outra.

Corinto! É difícil imaginar duas cidades mais diferentes uma da outra do que Atenas e Corinto no primeiro século. Saber um pouco sobre a história e a geografia de Corinto pode nos ajudar a entender o que tornava essa cidade tão única. Historicamente, embora Corinto tenha sido uma cidade grega em tempos antigos, em 146 a.C. ela foi derrotada em guerra pelos romanos. Mais tarde, em 44 a.C., a cidade foi reestabelecida como colônia romana com novos colonos (não gregos) trazidos de outras partes do império. Desta forma, Corinto foi reorientada com a ideologia e organização romanas, e o latim se tornou o idioma oficial (embora alguns dos coríntios continuassem a usar o grego). Como o estudioso de Novo Testamento, David Horrell, nos diz: "a Corinto que Paulo visitou era um lugar de 'identidades híbridas, onde a cultura, o idioma e a religião gregos foram reformulados em várias maneiras pela colonização romana'".[1]

Geograficamente, Corinto se localizava (e controlava) em um istmo, uma estreita faixa de terra (que variava entre 6,4 a 27,2 quilômetros de largura) que unia a principal parte da Grécia, na extremidade nordeste, e o Peloponeso, a grande península a sudoeste. O mar Mediterrâneo que cercava a costa sul dessa península era tão turbulento que os marinheiros evitavam, a todo custo, ter de navegá-lo. Desta forma, os navios que necessitavam chegar ao golfo Sarônico, ao leste, para o mar Jônico, a oeste, ou vice-versa, eram arrastados em roletes de toras através do estreito e eram lançados novamente ao mar do outro lado (Você consegue visualizar essa cena em sua mente?).

Corinto estabeleceu portos em ambas as costas nessa faixa de terra. Isso permitia aos oficiais da cidade controlar os impostos das cargas e as pessoas cuja tarefa era puxar os navios para um desses portos sobre toras lançadas sobre uma estrada pavimentada com pedras. Assim, Corinto era poliglota com marinheiros e viajantes de toda a parte do Império Romano que precisavam de hospedagem, alimento, suprimentos — e prostitutas — enquanto seus navios eram arrastados através do istmo. Resumindo, Corinto era uma cidade muito agitada e cosmopolita que controlava todo o tráfego entre os portos oeste e leste.

Em termos religiosos, virtualmente todo o tipo de divindade possuía um lugar de adoração lá. Isso inclui os deuses e deusas da Grécia e de Roma, as divindades egípcias Ísis e Serápis, deuses mais orientais, bem como divindades locais e heróis locais. Em meio a toda essa religiosidade, a cidade também era conhecida por sua promiscuidade e perversão sexual, problemas que vemos refletidos nas cartas de Paulo aos cristãos coríntios. Foi também nessa cidade dominada, não por filósofos, como Atenas, mas pelo comércio internacional e até por uma gama maior de seitas religiosas, que Paulo chegou sozinho.

Colegas e companheiros de ministério em Corinto

Você já se perguntou de que maneira pessoas como Paulo se sustentavam em todas as suas viagens? Eles tinham necessidade de comida e abrigo e não podiam achar que as pessoas sempre os hospedariam. Agora, pela primeira vez em Atos, vemos que o apóstolo Paulo tinha a ocupação de fazer tendas de couro (ATOS 18:3). Embora ele tivesse chegado em Corinto sozinho, logo encontrou um casal cristão, refugiados que anteriormente haviam sido forçados a sair de sua casa em Roma:

> *Depois disto, deixando Paulo Atenas, partiu para Corinto. Lá, encontrou certo judeu chamado Áquila, natural do Ponto, recentemente chegado da Itália, com Priscila, sua mulher, em vista de ter Cláudio decretado que todos os judeus se retirassem de Roma. Paulo aproximou-se deles. E, posto que eram do mesmo ofício,*

A MULHER ORIENTADA PELO *Espírito de Deus*

passou a morar com eles e ali trabalhava, pois a profissão deles era fazer tendas. (ATOS 18:1-3)

Áquila era um judeu nascido no Ponto, um território na costa do mar Negro na Turquia, a grande distância da Itália. Então, como ele veio a ser deportado de Roma? Ponto era originalmente uma província persa que fora conquistada pelos gregos, e depois pelos romanos. Embora Roma permitisse que reis locais governassem seu território por muitos anos, em 62 d.C. Nero forçou o rei a abdicar do trono. Enquanto isso, os soldados romanos estabelecidos em Ponto eram mantidos ocupados controlando o populacho que, ocasionalmente, se rebelava. A Bíblia não nos diz exatamente como Áquila, um judeu de Ponto, foi parar em Roma. Os eruditos sugerem que, em algum dos combates entre os soldados romanos e os patriotas de Ponto, ele pode ter sido levado prisioneiro e foi, mais tarde, levado a Roma como escravo. Independentemente de como ele tenha chegado a Corinto, os estudiosos das Escrituras especulam que eventualmente ele foi libertado, permaneceu em Roma, trabalhou como fazedor de tendas e, subsequentemente, casou-se com uma gentia bem-nascida chamada Priscila.[2] O que *realmente* sabemos do texto bíblico é que o casal estava entre aqueles refugiados judeus que foram expulsos de Roma pelo imperador Cláudio. Forçados a abandonar sua casa, eles se mudaram para Corinto, o porto estrangeiro mais próximo. Para se sustentar, eles montaram seu próprio negócio de fabricação de tendas nessa cidade, onde o apóstolo Paulo os conheceu e se uniu a eles.

No primeiro século, a fabricação de tendas era uma grande indústria. Fazedores de tenda habilidosos tinham trabalho estável, suprindo o governo romano com tendas de couro para as miríades de postos militares avançados por todo o império, bem como vendendo-as aos civis e mercadores que estavam em viagem. Se Paulo estivesse em um comércio que transformava lonas em tendas ou velas de navios, ele teria que carregar equipamentos pesados como um tear. No entanto, como curtidor, ele provavelmente carregava apenas uma faca afiada, um furador e uma grande agulha curvada — ferramentas que caberiam em uma bolsa do tamanho de um livro. A ocupação dele era ideal para um missionário itinerante.

Porém, o propósito de Paulo em Corinto não era ganhar a vida (necessário, mas não o mais importante). Seu objetivo era tornar Jesus Cristo conhecido naquele canto pagão do mundo. Como era seu hábito, Paulo passava cada *Shabbat* na sinagoga: "...persuadindo tanto judeus como gregos" (ATOS 18:4). No entanto, também notamos uma mudança na abordagem de Paulo: "...sacudiu Paulo as vestes e disse-lhes: Sobre a vossa cabeça, o vosso sangue! Eu dele estou limpo e, desde agora, vou para os gentios" (ATOS 18:4). Mudar o foco de seus esforços evangelísticos dos judeus para os gentios era uma grande virada na estratégia missionária de Paulo.[3]

Quando esse apóstolo conheceu Priscila e Áquila, soube que eles haviam conhecido e trabalhado com Pedro em Roma. Como pessoas que se converteram cedo a Cristo, agora eram experientes no ministério. Quando orientou os refugiados Priscila e Áquila a se estabelecerem em Corinto, o Espírito de Deus não apenas deu a Paulo colegas que compartilhavam de seu negócio, e, assim, providenciavam meios de autossustento, mas também lhe forneceu cooperadores no evangelho que ficariam lado a lado com ele no ministério. Eles eram presentes de Deus para esse incansável apóstolo que, às vezes, se cansava.

Priscila e Áquila, os "cooperadores" de Paulo no ministério

No livro de Atos e nas cartas de Paulo, conhecemos esse casal de fazedores de tenda, Priscila e Áquila, em três cidades diferentes. Como também já observamos, eles se juntaram a Paulo inicialmente em *Corinto* e lá trabalharam com ele tanto no ministério quanto na fabricação de tendas por cerca de 18 meses (50–52 d.C.).

Paulo, então, os levou consigo quando se dirigiu ao mar Egeu em direção a *Éfeso*, no sudoeste da Turquia. Como Paulo havia feito um voto que requereria uma viagem a Jerusalém, ele deixou o casal em Éfeso para fortalecer seu trabalho. Foi durante a ausência de Paulo que eles encontraram Apolo, um eloquente orador judeu, versado nas Escrituras do Antigo Testamento. Esse dinâmico pregador na sinagoga de Éfeso conhecia "apenas o batismo de João" (ATOS 18:25). Quando ouviram sobre ele, Priscila e Áquila o separaram e lhe ensinaram mais plenamente sobre Jesus como o caminho de Deus.

Depois de cumprido seu voto, Paulo voltou a Éfeso, hospedando-se com Priscila e Áquila para um difícil, mas frutífero, esforço ministerial de três anos naquela cidade. Durante aqueles anos, ele escreveu sua primeira carta aos coríntios, dizendo: "As igrejas da Ásia [Turquia] vos saúdam. No Senhor, muito vos saúdam Áquila e Priscila e, bem assim, a igreja que está na casa deles" (1 CORÍNTIOS 16:19).

No final da carta de Paulo aos romanos, descobrimos que Priscila e Áquila haviam voltado a Roma. Obviamente, o banimento dos judeus nessa cidade havia sido suspenso e o casal tinha voltado para casa. No entanto, fiéis ao seu modelo anterior, eles se mantiveram ocupados fundando novas igrejas. Paulo os saudou com estas palavras:

> *Saudai Priscila e Áquila, meus cooperadores em Cristo Jesus, os quais pela minha vida arriscaram a sua própria cabeça; e isto lhes agradeço, não somente eu, mas também todas as igrejas dos gentios; saudai igualmente a igreja que se reúne na casa deles.* (ROMANOS 16:3-5)

Note o que Paulo disse sobre os dois nessa saudação. Primeiramente, ele os considerava como seus cooperadores no ministério. Depois, que, em algum momento, eles haviam arriscado a própria vida por Paulo (provavelmente em Éfeso). Por último, uma nova igreja estava agora se reunindo na casa desse casal. Poucas pessoas trabalharam com Paulo mais do que eles: por 18 meses em Corinto e, depois, em Éfeso. Esse apóstolo tinha boas razões para chamá-los de cooperadores.

Contudo, o que significava ser um cooperador com Paulo? O cooperador era subordinado, o equivalente a um assistente cumprindo serviços e servindo café para o apóstolo? Ou era algo mais, talvez no mesmo patamar do apóstolo, virtualmente fazendo as mesmas tarefas? Tanto na fabricação de tendas e no evangelismo, em Corinto e Éfeso, Áquila e Priscila eram, em todos os sentidos possíveis, os cooperadores de Paulo. Trabalhavam lado a lado com o apóstolo, fazendo o que quer que ele estivesse fazendo.

No grego, a palavra traduzida como "cooperador" é *sunergon*. Essa é uma palavra que Paulo usa para descrever 11 pessoas diferentes:

- Filemom (FILEMOM 1:1)
- Timóteo (1 TESSALONICENSES 3:2)
- Aristarco, Marcos e Justo (COLOSSENSES 4:10,11)
- Tito (2 CORÍNTIOS 8:23)
- Urbano (ROMANOS 16:9)
- Evódia e Síntique (FILIPENSES 4:2,3)
- Priscila e Áquila (ROMANOS 16:3-5)

Observe que havia três mulheres entre os mencionados: Evódia, Síntique e Priscila. Paulo não faz distinção entre elas e seus colegas — todos são descritos como seus cooperadores.

Entre as seis vezes em que Priscila e Áquila são mencionados no Novo Testamento, em quatro o nome de Priscila aparece primeiro. Pode ser que nós o faríamos aleatoriamente ou, talvez, simplesmente como uma cortesia a ela como mulher. Porém, os estudiosos do Novo Testamento nos informam que, nos escritos do primeiro século, a ordem dos nomes nunca era aleatória, e a primeira pessoa citada era, normalmente, reconhecida como tendo maior proeminência no ministério.[4]

ESSA EQUIPE NÃO ERA IMPEDIDA POR EVENTOS ESTRESSANTES

À medida que seguimos Priscila e Áquila de Roma a Corinto, de lá a Éfeso e, depois, de Éfeso de volta a Roma, ficamos impressionados com as grandes adaptações que esse casal teve que fazer em cada mudança. Pouco pensamos neles como refugiados em Corinto, mas esse era o status deles. Da fortaleza da cultura romana, eles foram parar em Corinto, uma cidade comercial poliglota povoada por escravos libertos de todos os cantos do império.

O que eles deixaram para trás enquanto partiam para um exílio involuntário? Das descobertas arqueológicas, descobrimos que Priscila era bem-nascida, com uma casa construída sobre a propriedade de seu parente, Prudente (2 TIMÓTEO 4:21), um senador romano e homem de grande riqueza. Embora os eruditos pensem que Áquila era, provavelmente, um escravo liberto de Ponto, isso, de forma alguma, prova que ele era inferior a Priscila. Os escravos do primeiro século frequentemente eram bem instruídos e respeitados por sua alta habilidade profissional. Normalmente, trabalhavam em importantes posições do governo ou como eruditos bem requisitados. Se pensarmos, por um minuto, sobre o rebaixamento desse casal quando foram expulsos de Roma, começaremos a entender a enormidade de suas perdas. No entanto, nenhum texto bíblico nos leva a concluir que eles se sentaram lamentando, um com o outro, sobre suas perdas. Em vez disso, nós os encontramos estabelecendo sua habitação em Corinto em um local grande suficiente para abrigar o apóstolo Paulo como um residente. Com o tempo, essa casa também serviu como centro para a nova igreja recém-formada.

Também não os vemos murmurando quando, ao final de sua missão de 18 meses plantando igrejas em Corinto, o apóstolo

Paulo os levou para Éfeso a fim de começar novamente o mesmo processo. Isso significaria novos ajustes em uma cidade muito diferente de Corinto. Da mesma forma que Paulo não havia debatido como o Espírito Santo sobre sair da Turquia e começar novos ministérios na Grécia, Priscila e Áquila parecem ter dado passos largos em cada mudança, observando a orientação do Espírito de Deus em cada um deles. Não haviam pedido para serem exilados de Roma, mas, uma vez em Corinto, eles abriram uma loja, fabricando tendas de couro em sociedade com Paulo e poderiam alcançar pessoas diferentes deles com a verdade do amor e da salvação divinos. De uma casa luxuosa no famoso Aventino de Roma, para uma casa de aluguel qualquer que pudesse ser encontrada em Corinto ou Éfeso, Priscila e Áquila levaram o que estava disponível, agradeceram a Deus e fizeram o melhor em cada nova situação.

Quando o apóstolo Paulo chegou a Corinto, ele precisava de meios para ganhar renda e, assim, sustentar seu trabalho. Também precisava do suporte de trabalhadores cristãos versados. Deus supriu essas necessidades de forma muito inconveniente para Priscila e Áquila: a expulsão de Roma pelo imperador. Talvez, pelo fato de a cidade de Corinto ficar do outro lado do mar Adriático da Itália, e porque seria um bom lugar para iniciar sua empresa de confecção de tendas, eles escolheram se mudar para lá. Contudo, podemos discernir a mão de Deus em sua decisão? Creio que sim.

O Espírito de Deus pode usar eventos estressantes para nos orientar

É compreensível que fiquemos mais confortáveis com tudo que nos cerca que seja familiar. Não gostamos da inconveniência de sermos desarraigados. Esse "arrancar pela raiz" pode ser muitas coisas: uma amizade rompida, a perda de um emprego, uma mudança indesejada para um lugar distante, uma doença inesperada ou a morte de alguém que amamos. E muitas outras coisas. É longa a lista de maneiras em que o estresse pode entrar em nossa vida e nos fazer vacilar. Como lidamos com nosso status de "refugiados" em qualquer uma dessas situações? Podemos ver as maneiras em que Deus pode trabalhar por meio dessas experiências quando elas ameaçam nos derrubar? Podemos visualizar algum benefício brotando dos estressantes acontecimentos que nos atingem?

Como vimos no capítulo 5, o apóstolo Paulo lembrou os cristãos romanos de que "Sabemos que todas as coisas cooperam para o bem daqueles que amam a Deus, daqueles que são chamados segundo o seu propósito" (ROMANOS 8:29). Priscila e Áquila sabiam que isso os manteria de pé e seguindo adiante quando atingidos por todos os indesejados problemas do exílio. Da mesma maneira que foi com eles, podemos confiar que o Espírito de Deus agirá por meio de nossas experiências estressantes para nosso bem. É muitas vezes nesses momentos que Deus nos abre portas que, de outra forma, não consideraríamos.

Então, que atitude trazemos a esses acontecimentos estressantes que aparecem durante o percurso da nossa vida? Vivo na Nova Inglaterra [N.T.: Região que abrange alguns estados a nordeste dos Estados Unidos.], não muito distante de maravilhosas praias que ladeiam o oceano Atlântico. Se eu for à praia, tenho três opções. Posso ficar na costa, aproveitando a areia morna e evitando totalmente a água. Ou posso relaxar em águas rasas, não mais do que na altura da cintura. À medida que as ondam rolam em minha direção, posso enfrentá-las correndo em sua direção com prazer. Ou posso voltar minhas costas a elas, correndo em direção à costa para evitá-las.

A vida nem sempre nos permite sentarmo-nos à praia e admirar o mar de uma distância segura. Por vezes, nos vemos em situações em que o mar está na altura de nossa cintura e que as ondas parecem perigosas. Podemos enfrentá-lo com a confiança de que o Espírito de Deus nos susterá, guiará e ficará conosco durante esses tempos de dificuldades? É aí que o Espírito de Deus sussurra: *Sim, você pode crer em mim. Estou aqui para apoiá-la em cada provação.* Você pode confiar nessa realidade porque Deus realmente está ao seu lado.

Priscila e Áquila

Questões para reflexão pessoal ou grupo de estudo

1. Ser uma refugiada significa ser forçada a sair de casa e sofrer o estresse da perda, da realocação e do recomeço. É uma dinâmica que também podemos experimentar em grau menor sempre que somos desarraigadas por uma experiência estressante. De que maneiras você diria que está em um status de "refugiada" nesta época de sua vida? Quais perdas, deslocamentos ou novas realidades você está enfrentando?

2. Uma das dádivas que Deus concedeu a Paulo, bem como a Priscila e Áquila, foi a de terem uns aos outros. Compartilhavam a casa, a função de fazedores de tendas e o ministério que os tornaram em cooperadores. Era uma vida de intimidade e compartilhamento em todas as formas. O que lhe chama a atenção nesse tipo de lar, trabalho e vida ministerial compartilhados? Você já experimentou algo como isso, ou gostaria de fazê-lo? Comente as razões para sua resposta.

3. Baseado no que aprendemos de Paulo, Priscila e Áquila, como você descreveria o que deve significar ser um "cooperador" no ministério atualmente? (Note que ministério inclui toda e qualquer maneira que você, rotineira e intencionalmente, ama e serve aos outros em nome de Jesus.)

4. Se você tivesse uma verdadeira relação de cooperação no ministério, de que formas imagina que seria semelhante ou diferente das experiências que você já teve ou atualmente tem no ministério?

Febe

O ESPÍRITO DE DEUS NOS ORIENTA COMO SERVAS LÍDERES

NOS ANOS 1970, nossa família vivia na Europa, porém três de nossos quatro filhos estavam na faculdade nos Estados Unidos. Naquele tempo, o custo do minuto de uma ligação internacional era extremamente alto, o que significava que chamadas telefônicas estavam fora de questão, exceto em casos de emergência. Em vez disso, comunicávamo-nos por carta, conhecida atualmente como "postagens normais". Comprávamos os "aerogramas", tão finos quanto um lenço de papel, nos correios. Isso nos permitia datilografar nossas cartas de ponta a ponta, preenchendo a pequena página tanto quanto possível. (Sim, também usávamos uma velha máquina de datilografar.) Quando o aerograma era enviado, normalmente levava 10 dias para que nossa família nos Estados Unidos o recebesse. Daí, se nosso filho ou nossas filhas nos respondessem, levaria outros 10 dias antes que recebêssemos a correspondência. Normalmente calculávamos, no mínimo, três semanas para completar a comunicação nessa via de mão dupla.

Atualmente, a tecnologia nos trouxe a comunicação instantânea. Com apenas poucos cliques podemos alcançar quase qualquer pessoa do mundo com uma mensagem ou um e-mail. Podemos nos conectar face a face, em tempo real, com aplicativos de chamada em vídeo, escolher entre múltiplas formas de postar nossas fotos ou novidades pessoais nas redes sociais, ou instantaneamente colocar no ar nossas opiniões no *Twitter*. A facilidade dessa comunicação imediata na contemporaneidade torna difícil para muitas pessoas imaginar como era há 40 ou 50 anos, quando não tínhamos sequer os celulares, muito menos os *smartphones*.

Agora considere o dilema do apóstolo Paulo quando ele terminava de compor sua importante carta aos cristãos em Roma. Ele estava a mais de 1.100 quilômetros em Corinto e muita água de oceano o separava da Itália e dos destinatários da epístola. Os navios eram desenvolvidos para transportar mercadorias em vez de passageiros, os mares eram turbulentos e o despacho, muitas vezes, era interrompido durante o inverno. Assim, como ele faria para que sua carta chegasse aos cristãos em Roma?

Esse documento era especialmente precioso por ser cópia única. Paulo não possuía fotocopiadora, nenhum HD externo, nem nuvem de onde recuperar uma nova cópia. Em seus 16 capítulos, era uma das cartas mais longas e detalhadas e, sem dúvida, requereu muitas folhas de pergaminho ou papiro. O pergaminho (lâminas finas de couro de bodes ou ovelhas) durava mais tempo, mas, na maioria das vezes, apenas lâminas de papiro estavam disponíveis. Estas eram feitas de talos compactados da planta papiro e eram muito mais frágeis. Escrever em qualquer um dos dois tomava tempo, e seria impossível recriar uma carta perdida. É desnecessário dizer que os riscos eram enormes.

Uma entrega especial vinda de Corinto

Felizmente, essa não era a primeira permanência de Paulo em Corinto. Em sua viagem missionária anterior, ele passara 18 meses nessa cidade, anunciando a homens e mulheres o Senhor Jesus Cristo. Durante aquele tempo de pregação e ensino, as igrejas nos lares eram formadas em diferentes partes da extensa Corinto e seus subúrbios, o que significava que, provavelmente, Paulo tinha muitos contatos por toda a região. Agora ele estava de volta a Corinto, pela terceira vez, conferindo a saúde espiritual das igrejas da localidade, incluindo a igreja no subúrbio oriental de Cencreia. Foi ali que ele rascunhou sua extensa carta aos cristãos em Roma.

Certo dia, conversando com Febe, uma das líderes na igreja em Cencreia, ele soube que ela planejava viajar para Roma. Imagino que sua conversa foi algo semelhante a isto:

Paulo: —Febe, você disse que está indo para Roma?

Febe: —Sim. Preciso ir por causa do meu negócio. Mas é difícil encontrar um capitão de navio mercante que me autorize a compra da passagem.

Paulo: —Se pelo menos os navios tivessem mais cômodos para passageiros! Na maioria das vezes, especialmente em minhas viagens de Éfeso a Cesareia, tive que acampar no deck e, algumas vezes, o capitão da embarcação não permite nem isso.

Febe (rindo): —Isso é verdade. E os que autorizam isso podem cobrar um preço astronômico por um bilhete. Além disso, há outros custos: comida, roupa de cama, até uma pequena tenda se eu quiser alguma privacidade a bordo. Mas você já sabe isso tudo. Por que está me perguntando sobre minha viagem? Você está pensando em voltar a Roma também?

Paulo: —Não, mas estou quase terminando uma longa carta para os cristãos de Roma e não tenho como fazê-la chegar a eles.

Febe: —Ah! Nesse caso, eu poderia levá-la para você, caso você a confiasse a mim.

Paulo: —Claro que eu a confiaria a você. Mas sabemos dos perigos de navegar por esses mares.

Febe: —Perigos? Sim! Raramente passa uma semana sem que eu ouça sobre algum navio naufragar em uma tempestade com a perda de toda a carga e dos tripulantes. Mas não é só nos perigos que temos de pensar. Também tem o tempo que leva para esse tipo de travessia. Preciso de um navio que me leve de Corinto para o porto italiano de Ostia. Os navios militares têm remadores para levar a embarcação adiante, mas dependemos completamente do vento para inflar as velas. Os ventos habituais raramente estão em nosso favor quando viajamos para o oeste. Enfrento uma longa viagem marítima, não só em distância, mas também em horas gastas quando o vento está contra nós.

Paulo: —Então, quais são seus planos?

Febe: —Estou em contato com muitos capitães que têm seus navios no porto. Um deles pretende partir em dez dias. Se ainda houver espaço no navio depois que todas as mercadorias empacotadas de Roma tiverem sido embarcadas, pode ser que eu consiga comprar o bilhete. Não é certeza que conseguirei a passagem para esse navio, mas me parece promissor. Então, deixe comigo sua carta aos cristãos romanos, mas embale-a bem para que eu consiga mantê-la seca durante a viagem. Ela precisa estar protegida em meio às tempestades e ondas que podem invadir o deck se você quiser que ela chegue intacta.

Paulo: —Obrigado, Febe! Vou orar por você enquanto viaja. Você está nas mãos de Deus.

Febe: —Em boas mãos, com certeza!

Febe fez mesmo a longa e lenta viagem de Corinto a Roma, onde entregou a carta de Paulo a salvo aos cristãos de lá. Agora imagine-a sentada com os outros enquanto a epístola era lida em voz alta na reunião da congregação na casa de Priscila e Áquila. Quando o leitor se aproximava do final da carta, chegava a essas palavras:

> *Recomendo-lhes nossa irmã Febe, que serve à igreja em*
> *Cencreia. Recebam-na no Senhor, como uma pessoa digna*
> *de honra no meio do povo santo. Ajudem-na no que*
> *ela precisar, pois tem sido de grande ajuda para muitos,*
> *especialmente para mim.* (ROMANOS 16:1,2 NVT)

"Recebam-na no Senhor, como uma pessoa digna de honra no meio do povo santo." Paulo apresentou sua amiga aos cristãos romanos "...como uma pessoa digna de honra no meio do povo santo". Com essa breve sentença, Paulo fundamentou a credenciais ministeriais de Febe.

ENTENDENDO A FUNÇÃO DE UM DIÁCONO

A primeira coisa que sabemos sobre Febe é que ela era uma diaconisa na igreja em Cencreia, um subúrbio em Corinto.

Algumas traduções bíblicas a chamam de "serva", mas o termo grego é *diakonos*, de onde se origina a palavra "diácono". Ao mesmo tempo, o conceito da função de um diácono era também a de serviço. Lembre-se de que, no início do livro de Atos, as murmurações de descontentamento haviam irrompido entre os cristãos de Jerusalém: os cristãos de fala grega reclamavam que os cristãos de fala hebraica estavam discriminando as viúvas gregas "na distribuição diária" (ATOS 6:1). A palavra grega aqui traduzida como "distribuição" é *diakonia*. A distribuição de comida para os necessitados era um aspecto da "diaconia". Para resolver o problema, os discípulos indicaram sete homens (a maioria deles gregos) para se assegurar de que as viúvas gregas fossem alimentadas diariamente.

No entanto, as tarefas e responsabilidades de um diácono provavelmente incluíam mais do que apenas atos de serviço. Lembre-se de que Estêvão e Filipe estavam entre os sete indicados para garantir que as viúvas gregas recebessem comida. Nos versículos imediatamente seguintes à indicação a esse ato de serviço, Estêvão é descrito como "cheio de graça e poder, fazia prodígios e grandes sinais entre o povo" (ATOS 6:8). Ele estava nas ruas ou no mercado pregando e curando com o poder advindo de Deus. Em meio a esse empolgante ministério, Estêvão foi levado diante do Sinédrio. Lá, pregou um sermão que o levou diretamente a seu martírio por apedrejamento (ATOS 7:59,60). O diácono Estêvão era ativo em muitas formas de ministérios.

Febe

O diácono Filipe também era um evangelista ativo. A perseguição em Jerusalém havia levado muitos cristãos para fora da cidade, e Filipe foi para Samaria onde "As multidões atendiam, unânimes, às coisas que Filipe dizia, ouvindo-as e vendo os sinais que ele operava. Pois os espíritos imundos de muitos possessos saíam gritando em alta voz; e muitos paralíticos e coxos foram curados" (ATOS 8:6,7). Obviamente, o trabalho ministerial ligava a posição de diácono a muito mais do que alimentar viúvas.

Quando nos voltamos às epístolas de Paulo, vemos que o apóstolo usou a palavra *diakonos* para descrever cinco pessoas. Primeiramente, usou-a para descrever seu próprio ministério (EFÉSIOS 3:7; COLOSSENSES 1:23). Ele também a usou para descrever o ministério de outras quatro pessoas:

- Timóteo (1 TESSALONICENSES 3:2; 1 TIMÓTEO 4:6)
- Tíquico (EFÉSIOS 6:21; COLOSSENSES 4:7)
- Epafras (COLOSSENSES 1:7)
- Febe (ROMANOS 16:1,2)

Seja o que for que Paulo e os outros três homens estavam fazendo no ministério, é provável que Febe também o fizesse na igreja de Cencreia. Perceba que Paulo não a chama de *diakonesse*, o feminino de diácono. Ele usou *diakonos*, o mesmo título para ela que foi usado para si mesmo e para seus outros três cooperadores masculinos.

Se Paulo não faz distinção entre os ministérios de diáconos homens ou mulheres, por que muitos outros, ao longo da história da igreja, o fazem sistematicamente? Talvez o fator mais significativo nos últimos 400 anos possa ser traçado a uma fonte que pode surpreendê-lo: os tradutores da Bíblia.

Alguns tradutores da Bíblia permitem que suas próprias inclinações influenciem suas escolhas de palavras. Por exemplo, em 1608, quando o rei Tiago da Inglaterra autorizou uma nova tradução da Bíblia (que atualmente é conhecida como Versão do Rei Tiago, ou King James), os tradutores insistentemente traduziram *diakonos* como "ministro" para os homens, mas como "serva" para Febe. Independentemente do que saibamos sobre Febe, Paulo, Timóteo, Tíquico e Epafras, se a diácono Febe era serva, então o diácono Paulo, o diácono Timóteo, o diácono Tíquico e o diácono Epafras também eram servos. Embora não conheçamos toda a amplitude das tarefas que um diácono do primeiro século cumpria, podemos dizer que era uma função que descrevia pelo menos parte do ministério de Febe nos mesmos termos usados para descrever parte do trabalho de Paulo.

A questão dos diáconos apareceu na primeira carta de Paulo a Timóteo. Aqui está como ele discutiu sobre alguns dos pré-requisitos para ser diácono:

Semelhantemente, quanto a diáconos, é necessário que sejam respeitáveis, de uma só palavra, não inclinados a muito vinho, não cobiçosos de sórdida ganância, conservando o mistério da fé com a consciência limpa. Também sejam estes primeiramente experimentados; e, se se mostrarem irrepreensíveis, exerçam o diaconato. (1 TIMÓTEO 3:8-10)

Neste ponto, dependendo de qual tradução esteja lendo, você pode concluir, quando chegar ao versículo 11, que Paulo esteja escrevendo apenas para diáconos masculinos porque este versículo descreve os requisitos para "suas esposas".

A esposa do diácono também deve ser respeitável e não deve ser faladeira. Ela precisa ser moderada e fiel em tudo.
(1 TIMÓTEO 3:11 NTLH)

É importante observar que a palavra grega traduzida aqui como "esposa" é a mesma usada para "mulheres". Portanto, muitos estudiosos da Bíblia[1] consideram o versículo 11 não como uma referência às esposas dos diáconos, mas a mulheres no ofício da igreja, em cujo caso o versículo ficaria: "Da mesma sorte, quanto a mulheres [diáconos], é necessário que sejam elas respeitáveis, não maldizentes". O texto grego no versículo 11 faz exatamente um paralelo à fraseologia e às observações de Paulo no versículo 8:

> *Semelhantemente, quanto a diáconos [masculinos,* diakonos hosautos*], é necessário que sejam respeitáveis...* (v.8)

> *Da mesma sorte, quanto a mulheres [*gynaikas hosautos*], é necessário que sejam elas respeitáveis...* (v.11)

Outros eruditos também destacam que se a palavra "mulher" no versículo 11 se referir a "esposas", será difícil explicar por que não há qualificações semelhantes atribuídas às esposas dos líderes em 1 Timóteo 3:1-7. Além disso, seria estranho para qualquer pessoa (homem ou mulher) que não fosse um praticante do ofício lhe ser exigido a atender qualificações praticamente idênticas, listadas na mesma ordem, que as qualificações para os diáconos listadas em 1 Timóteo 3:8.[2] Devemos questionar: Se Paulo não tolerava mulheres diáconos, por que ele apresentou Febe para os cristãos de Roma como alguém: "...que é diaconisa da igreja de Cencreia" (ROMANOS 16:1 NTLH)?

Aparentemente, a primeira geração de igrejas não fazia distinção entre as funções e responsabilidades dos diáconos femininos e masculinos. Contudo, os teólogos e líderes eclesiásticos posteriores, que eram influenciados pela cultura que os cercava, o fizeram — às vezes, de formas que podem parecer surpreendentes. Culturas pagãs antigas sempre ficavam aterrorizadas com a menstruação: Como é possível que a mulher pudesse sangrar a cada mês e não morrer? E essa era uma noção que também pegava alguns clérigos. A conclusão é que as mulheres deviam possuir um poder maligno e destrutivo. Embora pagã em sua origem, essas atitudes culturais poderiam muito bem ter adentrado no judaísmo e, depois, no cristianismo.

Dionísio, o Grande — um bispo de Alexandria (ano de nascimento desconhecido, ano de falecimento 264 d.C.) — foi o primeiro líder cristão a exigir que não fosse permitido às mulheres se aproximar do altar (ou mesmo a entrar na igreja), enquanto menstruadas. Por volta de 300 d.C., somente as virgens ou viúvas acima dos 60 anos poderiam servir como diaconisas, e suas tarefas eram limitadas a manter a igreja afastada de escândalos, em uma cultura hostil, visitando mulheres enfermas em seus lares e encontrando assentos para as mulheres na igreja.

Tertuliano, um dos Pais da Igreja (cerca 155–240 d.C.), introduziu duas mudanças no século 3, que ainda permanecem conosco. Embora Paulo tenha se referido às igrejas cristãs primitivas como "família da fé" (GÁLATAS 6:10) ou "família de Deus" (EFÉSIOS 2:19), Tertuliano mudou essa dinâmica para um modelo governamental, semelhante ao do Império Romano. Paulo via o ministério no Corpo de Cristo como todos apresentando seus dons a serviço da igreja, mas Tertuliano via o ministério como funções e cargos de poder com seus correspondentes direitos legais. Resumindo, ele criou uma hierarquia dentro do ministério que, por fim, separou o clero dos leigos.

Outra ação significativa de Tertuliano partiu de sua crença de que "não é permitido a uma mulher falar na igreja, nem lhe é permitido ensinar, batizar, ofertar e nem reivindicar para si espaço em qualquer função masculina, para não dizer [em qualquer] função sacerdotal".[3] Resumindo: ele declarou que as mulheres não poderiam ter qualquer tipo de ofício na igreja.

Porém, ele não parou por aí: a sexualidade se tornara uma questão crucial para ele e outros clérigos. Por fim, eles determinaram que as mulheres cristãs eram responsáveis não apenas por sua castidade, mas também pela castidade dos homens. Se uma mulher, de alguma maneira, excitasse sexualmente a imaginação de um homem, essa mulher, não o homem, era considerada a parte pecaminosa. Daí desenvolveu-se uma teologia negativa da pessoa feminina, baseada na noção de que, de Eva para frente, as mulheres eram responsáveis pelo pecado no mundo. Como consequência, elas precisam ser mantidas fora de vista, onde não tentariam nenhum homem. A ideia era que o bem-estar espiritual do homem poderia ser comprometido pela mulher.

Essas crenças dominaram o conceito sobre as mulheres durante a Idade Média e, embora a Reforma e movimentos mais recentes tenham mitigado tais crendices, a convicção na inferioridade básica da mulher tem sobrevivido até nossos dias. Naturalmente, nem todos os cristãos o aceitam como verdade, mas sua presença em alguns confins pode explicar por que alguns tradutores andaram sobre ovos ao lidar com esse texto.

Esse contexto histórico nos ajuda a entender por que os tradutores, mesmo atualmente, podem se esquivar de dar a entender que uma mulher poderia ser uma diaconisa.

Está na hora de voltarmos a Febe, identificada por Paulo como diácono (*diakonos*) e como "*prostatis*". Nossa tradução a chama de "protetora". Já encontramos algumas benfeitoras nos capítulos anteriores, então sabemos algo sobre elas. Essa é uma descrição precisa de Febe, ou prostatis carrega um peso diferente?

FEBE COMO UMA *PROSTATIS*

Quando Paulo apresenta Febe aos cristãos romanos, ele primeiramente a descreve como diácono (*diakonos*) e depois diz: ela "…tem sido protetora de muitos e de mim inclusive" (ROMANOS 16:2, ênfase adicionada). Em grego, a palavra "protetora" é um substantivo. É por isso que alguns tradutores preferem traduzir como "grande auxílio", "tem ajudado", "tem hospedado", "de grande ajuda". Contudo, o que é realmente uma *prostatis*? O erudito bíblico e lexicógrafo Joseph Thayer define que o primeiro significado dessa palavra grega é "uma mulher colocada acima de outros".[4] É a forma feminina de um substantivo que descreve um líder. No segundo século da Era Cristã, o apologista Justino, o Mártir, usou a forma masculina, prostates, para descrever o presidente de uma junta que presidia sobre uma igreja local, uma pessoa que prega, ensina ou preside à mesa do Senhor.[5]

Quando Paulo se refere a Febe como *prostatis* em Romanos 16:2, pode ser que ele estivesse, essencialmente, encorajando os cristãos de Roma a receberem-na bem visto que ela era "uma líder protetora de muitos, e de mim inclusive". Até mesmo o conservador erudito bíblico Charles Ryrie, que ensinava que o papel da mulher na igreja "não é de liderança", reconheceu que prostatis "inclui algum tipo de liderança".[6]

Embora o substantivo feminino singular *prostatis* ocorra somente aqui no Novo Testamento, ele deriva do verbo *proistemi*, uma palavra comum nas cartas paulinas. Assim, consideremos alguns exemplos de como Paulo usou outras formas da palavra em outros textos:

• Quando falou sobre os vários dons que Deus concede, Paulo escreve: "...o que preside [*proistemenos*], com diligência" (ROMANOS 12:8).

• Nas observações finais de sua primeira carta à igreja de Tessalônica, Paulo escreve: "...acateis com apreço os que trabalham entre vós e os que vos presidem [*proistemenous*] no Senhor" (1 TESSALONICENSES 5:12).

• Quando deu conselhos ao seu protegido, Timóteo, Paulo escreveu: "Devem ser considerados merecedores de dobrados honorários os presbíteros que presidem [*proestotes*] bem, com especialidade os que se afadigam na palavra e no ensino" (1 TIMÓTEO 5:17).

Resumindo: parece que, da forma como Paulo a apresenta, Febe era tanto diácono como uma líder na igreja em Cencreia. Paulo a conhecia bem e confiou-lhe sua preciosa carta aos cristãos em Roma. O Espírito de Deus havia levado o apóstolo a escrever sua importante carta aos romanos e o mesmo Espírito orientou os planos de viagem de Febe para que ela pudesse levar a epístola a salvo a seu destino.

A LIDERANÇA NO REINO REVERSO DE REINO DE DEUS

O Espírito de Deus chama mulheres para posições de liderança na igreja atualmente? Antes de responder essa questão, considere que Jesus tinha algumas noções surpreendemente invertidas sobre liderança. Quando a mãe de Tiago e João pediu a Cristo que desse a seus dois filhos lugares privilegiados em Seu reino, Sua resposta a todos os discípulos enfatizou a ligação entre liderança e serviço:

> *Então, se chegou a ele a mulher de Zebedeu, com seus filhos, e, adorando-o, pediu-lhe um favor. Perguntou-lhe ele: Que queres? Ela respondeu: Manda que, no teu reino, estes meus dois filhos se assentem, um à tua direita, e o outro à tua esquerda. Mas Jesus respondeu: Não sabeis o que pedis. Podeis vós beber o cálice que eu estou para beber? Responderam-lhe: Podemos. Então, lhes disse: Bebereis o meu cálice; mas o assentar-se à minha direita e à minha esquerda não me compete concedê-lo; é, porém, para aqueles a quem está preparado por meu Pai. Ora, ouvindo isto os dez, indignaram-se contra os dois irmãos. Então, Jesus, chamando-os, disse: Sabeis que os governadores dos povos os dominam e que os maiorais exercem autoridade sobre eles.*
> (MATEUS 20:25-28)

Você se lembra de um acontecimento registrado pelo apóstolo João durante a Última Ceia que Jesus e Seus seguidores compartilharam antes de Sua prisão?

> *...levantou-se da ceia, tirou a vestimenta de cima e, tomando uma toalha, cingiu-se com ela. Depois, deitou água na bacia e passou a lavar os pés aos discípulos e a enxugar-lhos com a toalha com que estava cingido. [...] Depois de lhes ter lavado os pés, tomou as vestes e, voltando à mesa, perguntou-lhes: Compreendeis o que vos fiz? Vós me chamais o Mestre e o Senhor e dizeis bem; porque eu o sou. Ora, se eu, sendo o Senhor e o Mestre, vos lavei os pés, também vós deveis lavar os pés uns dos outros. Porque eu vos dei o exemplo, para que, como eu vos fiz, façais vós também. [...] Ora, se sabeis estas coisas, bem-aventurados sois se as praticardes.* (JOÃO 13:4,5; 12-15,17)

Você se lembra da resposta de Jesus quando Pilatos lhe perguntou sobre Seu reino?

> *O meu reino não é deste mundo. Se o meu reino fosse deste mundo, os meus ministros se empenhariam por mim, para que não fosse eu entregue aos judeus; mas agora o meu reino não é daqui.* (JOÃO 18:36)

Em todas as Suas ações e ensinamentos registrados nos quatro evangelhos, Jesus desfere golpe sobre golpe na visão mundana sobre o poder e a autoridade. O reino de Deus contraria todas ideias prevalecentes sobre a liderança. Acontece que a velha concepção da história da igreja de que o diaconato era preparação para a liderança da igreja na direção correta, está distorcida. Um diácono é chamado para ser servo, e o serviço é a melhor preparação para a liderança.

Você percebe como Jesus inverte nossa noção sobre liderança? Sua mensagem era, consistentemente, de que o modo como as pessoas pensam sobre poder ou domínio não é o modo de pensar de Deus. Paulo entendia isso, por isso pôde escrever:

Febe

> ...*pelo contrário, Deus escolheu as coisas loucas do mundo para envergonhar os sábios e escolheu as coisas fracas do mundo para envergonhar as fortes; e Deus escolheu as coisas humildes do mundo, e as desprezadas, e aquelas que não são, para reduzir a nada as que são; a fim de que ninguém se vanglorie na presença de Deus.* (1 CORÍNTIOS 1:27-29)

Faz sentido para você que Deus escolha "as coisas fracas para envergonhar" os poderosos? Ou que Ele oblitere — aniquile completamente — "as que são"? Paulo, então, expõe a razão para a inversão do reino de Deus: para que ninguém se vanglorie do que tem realizado. Sejam quais forem os dons que Febe trouxe à igreja em Cencreia, ela estava lá como serva de Deus. Não há espaço para vanglória. É servindo que lideramos. A liderança vem debaixo, não de cima.

Assim, voltando à nossa questão: O Espírito de Deus chama mulheres a posições de liderança na igreja atualmente? Isso depende tanto da mulher quanto da condição ministerial. Com relação à mulher: ela tem os dons necessários para o ministério? Ela tem paixão, visão, o temperamento e a iniciativa para isso? Com relação ao ministério: é de um tipo que ela pode usar seus dons e paixão a serviço de Cristo? A condição do ministério é ideal para os dons que Deus lhe conferiu? Acima de tudo, ela tem humildade para saber que, seja lá o que for que Deus realize por meio do serviço dela, é, no final das contas, *Deus* em ação?

Por trás dessas perguntas, esconde-se ainda outra: ela vê o ministério como uma posição para servir ou para dominar? No reino reverso de Deus, somente quem possui o coração de servo encaixa-se para a liderança. E isso se aplica tanto a homens quanto a mulheres na liderança.

Pense sobre Febe: ela era *diakonos*, uma ministra com o coração de serva; era também *prostatis*, alguém que Deus capacitou para estar diante de outras como líder. Ambas qualificações são necessárias ao ministério: somente com o coração de servas podemos ficar à frente de outras pessoas e liderá-las.

Febe cumpriu com êxito a missão da qual Paulo a incumbiu. Mais uma vez, imagine-a assentada entre os cristãos de Roma na casa de Priscila e Áquila. Após uma longa e difícil jornada, ela completou sua tarefa. Você pode vê-la sorrindo à medida que a carta é lida, e Paulo cita vários homens e mulheres presentes com quem ele havia trabalhado em algum lugar do Império Romano?

Pode imaginar-se sentada lá, ouvindo a epístola sendo lida aos cristãos do primeiro século? Pode dar uma olhada por toda a sala, detendo-se em Priscila e Áquila, e lembrar tudo o que suportaram, por exemplo: o exílio; e ainda assim plantaram igrejas em Corinto e Éfeso. Aqui eles se unem a outros cristãos escravos e os intelectuais romanos, servindo o Corpo de Cristo por amor a cada um naquele aposento. O apóstolo Pedro está no canto, ouvindo e apreciando a piedosa sabedoria que Paulo havia escrito para seu povo em Roma. Não há presunção lá! Só mais um seguidor de Jesus liderando pelo serviço. Essa é a família da fé. Essa é a família de Deus. Juntos esses homens e mulheres são parte do reino reverso que não pertence a este mundo.

Nossa imaginação pode nos levar de volta à Roma do primeiro século momentaneamente, mas o restante do tempo vivemos no século 21. Então, como pensamos a liderança? Como você pensa sobre liderança? Não será liderança a menos que haja todos os paramentos do poder ao redor dela? Ou faz algum sentido que a verdadeira liderança seja fundamentada em nosso serviço?

O Espírito de Deus coloca uma ênfase completamente diferente sobre o que é liderança. Quer nosso serviço seja repleto de cálices da comunhão ou de ficar diante da congregação e servi-la, estaremos liderando. Quer ensinemos as Escrituras a cada domingo ou ouçamos um senhor idoso repetindo a mesma história pela milésima vez, estaremos liderando. No reino reverso de Deus, lideramos à medida que servimos. Nosso serviço fala alto àqueles ao nosso redor. Pode ser o que o Espírito de Deus usará para mudar a vida deles. No final, essa é a verdadeira liderança.

Questões para reflexão pessoal ou grupo de estudo

1. Se você pudesse conversar com Febe, que tipo de perguntas lhe faria? O que mais gostaria de saber sobre a vida dela: seu relacionamento com Paulo, sua jornada a Roma, ou seu ministério como diaconisa? Por quê?

2. Em linhas gerais, você diria que esse capítulo desafiou ou apoio seus pontos de vista sobre o que a Bíblia ensina sobre as mulheres como diaconisas? Compartilhe suas razões para sua resposta.

3. Se é verdade que as igrejas da primeira geração não faziam distinção entre as funções e responsabilidades dos diáconos homens e mulheres, que consequências isso pode trazer para os homens e mulheres na igreja atual? Quais implicações pode ter para você, para sua compreensão da função de um diácono, ou para o ministério para o qual Deus a chamou neste momento de sua vida?

4. Como você descreveria os pontos de vista prevalecentes sobre a liderança dentro de sua própria comunidade cristã? De que maneiras esses pontos de vista refletem ou falham em refletir o ensino de Jesus sobre a natureza inversa da liderança no reino?

Júnia[s] e Andrônico

O ESPÍRITO DE DEUS NOS ORIENTA POR MEIO DE EXPERIÊNCIAS QUE NÃO VALORIZAMOS

TALVEZ VOCÊ ESTEJA familiarizada com o popular jogo de tabuleiro chamado *Detetive*. É 1926, e seis pessoas se reuniram para um fim de semana em uma casa de campo na Inglaterra quando acontece um assassinato. Qual dos convidados é o assassino? Quando aconteceu? E que arma usou? Solucionar crimes requer investigar os seis assassinos em potencial, seis armas possíveis e os nove aposentos nos quais o crime poderia ter acontecido. Foi o professor Plum, usando o candelabro na sala de jantar? Ou poderia ser a senhora Peacock usando a chave inglesa na estufa? E o Coronel Mustard, usando a corda no escritório?

Quer estejamos jogando *Detetive* ou lendo um bom romance de mistério, sabemos que, na solução de um crime, tudo dependerá das dicas ou pistas plantadas aqui e acolá. Ficamos atraídos, coçando nossas cabeças sobre as pistas que parecem se contradizer, perguntando-nos como encontraremos a solução que unirá todas as peças do quebra-cabeça da forma correta.

Júnia[s] e Andrônico

Embora não estivesse escrevendo um livro sobre assassinato/mistério, o apóstolo Paulo criou um quebra-cabeça que tem confundido muitos eruditos bíblicos ao longo dos anos. O enigma diz respeito à sua menção de um misterioso casal em sua carta à igreja de Roma. Paulo escreveu apenas duas frases:

Saudai Andrônico e Júnias, meus parentes e companheiros de prisão, os quais são notáveis entre os apóstolos e estavam em Cristo antes de mim. (ROMANOS 16:7)

Não é muito para que se siga em frente, mas certamente nos proporciona algumas pistas. Aqui vai uma lista das pistas que temos sobre esse casal:

1. Sabemos seus nomes: Andrônico e Júnia[s].
2. Sabemos que eram judeus [N.T.: Na versão NTLH diz-se "meus patrícios judeus" em vez de "meus parentes".].
3. Sabemos que estavam na prisão com o apóstolo Paulo.
4. Sabemos que eles eram notáveis entre os apóstolos.
5. E sabemos que se tornaram seguidores de Cristo antes de Paulo se converter.

Mas esta é a primeira e única vez na Bíblia que ouvimos falar deles, e, assim, não temos como encaixá-los no que sabemos sobre os apóstolos.

Baseado nas afirmações de Paulo, pode parecer que seja a lista completa de pistas disponíveis, mas espere, na realidade existe uma sexta pista, que podemos derivar de outra informação disponível.

6. Se eles eram apóstolos [N.T.: "Eles são apóstolos bem-conhecidos" conforme tradução NTLH do versículo 7], sabemos que um dos critérios para o apostolado era a pessoa ter "visto Jesus" durante Seu ministério terreno (1 CORÍNTIOS 9:1; 15:6-9).

A MULHER ORIENTADA PELO *Espírito de Deus*

Andrônico e Júnia[s] estavam entre os 500 (1 CORÍNTIOS 15:6) que haviam visto Jesus certa vez depois de Sua ressurreição, mas antes de Sua ascensão? Em sua primeira epístola aos cristãos coríntios, Paulo dissera que a maior parte daqueles que estavam no grupo dos 500 estava vivo, embora alguns tivessem morrido. Se eles não fossem parte dessa multidão, então onde teriam "visto Jesus"? E se tinham visto Jesus, como se encaixaram em Sua vida e ministério terrenos?

E, depois, há os nomes: Andrônico e Júnia[s]. Esses são nomes romanos, de forma alguma são judeus. Contudo, Paulo os chama de "meus patrícios judeus" (NTLH). No entanto, assim como Paulo tinha dois nomes — o nome romano Paulo e o nome judeu Saulo — essas pessoas podem bem ter sido conhecidas, anteriormente, por seus nomes judeus, enquanto estavam na Palestina. Mas quais eram esses nomes? Buscando em nossa memória dos quatro relatos dos evangelhos do ministério terreno de Jesus, somos pressionados a apresentar quaisquer nomes que se encaixem nessa categoria.

Achávamos que sabíamos muito sobre as três viagens missionárias de Paulo, porém, obviamente, muita coisa aconteceu que não foi registrada por Lucas. Em algum momento da linha do tempo, esse casal compartilhou um encarceramento com Paulo. Onde? Quando? Por quê?

E ainda há o termo "apóstolo". De acordo com o meu dicionário *Oxford American Dictionary* (Oxford University Press, 2010), uma definição de um apóstolo é "os primeiros missionários cristãos bem-sucedidos em um país ou enviados a um povo". Isso se enquadraria a esse misterioso casal? Talvez sim. Talvez não.

A partir de seus nomes, fica claro que eles não estavam entre os doze discípulos escolhidos por Jesus no início de Seu ministério. Porém, Jesus teve outros apóstolos. Sabemos que Paulo era apóstolo (1 CORÍNTIOS 9:1), e outros também tinham esse título, como Barnabé, Silas e Timóteo (ATOS 14:4; 1 TESSALONICENSES 1:1). Já cobrimos um dos critérios para o apostolado: a pessoa devia ter visto Jesus Cristo pessoalmente em algum momento. No entanto, a palavra apóstolo, em si, quer dizer simplesmente "o enviado". Isso levanta mais questionamentos. Quem enviou esse par misterioso? Quando? E para onde foram enviados? Nós, agora, os encontramos em Roma, mas como chegaram e por que estavam lá?

Se esse misterioso casal se tornara seguidor de Jesus antes do apóstolo Paulo, eram eles membros da igreja em Jerusalém (como descrito nos primeiros capítulos de Atos)? Se não, eram eles, talvez, judeus de Roma, ou de outro lugar, onde conheceram Jesus em um dos anos que vieram a Jerusalém para uma das grandes festas judaicas?

Há tantas perguntas! Tão poucas pistas!

JÚNIA OU JÚNIAS?

Tenho pelo menos 11 traduções diferentes do Novo Testamento [N.T.: No idioma da autora, inglês.] em minha prateleira. Nenhuma delas difere sobre Andrônico, mas divergem sobre a segunda pessoa desse par. Dessas 11, três designam essa segunda pessoa como "Júnias", contudo, oito a designam de "Júnia".[1] E daí? Qual é o grande caso sobre esse pequeno "s"? Não poderia ser apenas um erro de digitação? O que está em jogo?

Uma das grandes questões potenciais é que a presença ou ausência do "s" é a diferença entre as versões masculina e feminina desse nome. Júnias é considerado um nome romano masculino, ao passo que Júnia era um nome romano feminino comum. Os eruditos nos dizem que o nome Júnia ocorre mais de 250 vezes em inscrições encontradas apenas em Roma, enquanto o nome Júnias não foi encontrado em parte alguma. Então, o companheiro apostólico de Andrônico era um homem ou uma mulher?

Os Pais da Igreja não tinham problema com essa questão. Orígem (185–253 d.C.) se referiu a Júnia como uma mulher, e, mais tarde, Jerônimo (cerca de 340–420 d.C.) escreveu: "Ser apóstolo é algo maravilhoso! Mas destacar-se entre os apóstolos, pense em como essa é uma maravilhosa canção de louvor! [...] Que grande sabedoria deve ter sido a dessa mulher, para ela ser considerada digna do título de apóstolo."[2]

Assim sendo, se os Pais da Igreja estavam certos de que Júnia era uma mulher, de onde veio a noção de Júnias? Egídio de Roma (1245-1316) foi o primeiro a se referir a Andrônico e Júnias como "homens honrados". Por que ele faria isso? Desde o Período Patrístico da história da igreja até a Idade Média, a noção de que uma mulher pudesse ser apóstola foi se tornando cada vez mais inconcebível. Por ser inadmissível, foi argumentado que Júnia deveria ser um homem. Desde o terceiro século em diante, seu nome foi trocado para Júnias, e ela foi, daí para frente, considerada um homem. Mais recentemente, no entanto, a maioria dos tradutores restauraram o nome para Júnia, uma mulher que foi contada entre os apóstolos. Todavia, as questões de tradução ainda surgem. Alguns argumentam que, mesmo que Júnia definitivamente fosse uma mulher, ela era meramente bem conhecida pelos apóstolos. No entanto, outros eruditos bíblicos são rápidos em argumentar que não é isso que a estrutura gramatical desse versículo em grego indica. O grego deixa claro que Andrônico e Júnia não eram meramente "notáveis" entre os apóstolos, mas eram, de fato, apóstolos "notáveis" por si mesmos.[3]

JÚNIA E JOANA?

Sabemos que Júnia era o nome romano de uma apóstola judia. Sabemos que essa pessoa deve ter sido uma das seguidoras de Jesus, provavelmente citada nos evangelhos, e que devia estar presente quando Ele enviou Seus seguidores ao mundo como Seus embaixadores. Quem se encaixaria nessa descrição? Temos nossa primeira pista no fato de que "Júnia" era o equivalente romano ou latim do nome hebraico "Joana". Lembra-se dela?

Vimos sobre Joana no capítulo 1. Ela era parte daquele grupo de intrépidas mulheres que sustentavam financeiramente Jesus e Seus discípulos; que estavam ao pé da cruz e durante Seu sepultamento na tumba; e que foram as primeiras no sepulcro na manhã da Páscoa. Joana (com Maria Madalena e Susana) era uma das mulheres citadas em Lucas 8:1-3 que havia recebido a cura de Jesus e que depois integrou o grupo de Seus seguidores, viajando por toda a Galileia e retornando a Jerusalém, ao sul, para as grandes festas judaicas.

Como você se lembrará, Joana era esposa de Cuza, ministro financeiro do rei Herodes Antipas. Sabemos que Cuza provavelmente pertencia à etnia nabateana, o que poderia ligá-lo à família real de Antipas. A avó de Antipas era dessa etnia e o rei havia se casado com uma princesa da mesma origem. A função de Cuza era a de *epitropos*, um administrador das propriedades do rei. Isso fazia dele, efetivamente, o ministro da Galileia, gerenciando todas as receitas, bem como os domínios reais. Cuza era um oficial de alta patente na corte real. Por causa da experiência e da *expertise* que teria acumulado para esse ofício, acredita-se que ele fosse um homem mais velho. Como veremos em breve, todos esses detalhes nos fornecem pistas potencialmente boas para nos ajudar a resolver o mistério da identidade de Júnia.

A corte real ficava na cidade romana de Tiberíades, onde os eruditos creem que a família de Joana deveria ter se estabelecido. Richard Bauckham, um estudioso do Novo Testamento, nos diz que Joana (certamente judia, como seu nome indica) provavelmente era membro de uma das famílias mais importantes de Tiberíades ou de alguma poderosa família galileia. Desta forma, o casamento entre Cuza e Joana possivelmente teria sido uma aliança entre uma família judia de elite com a corte romana herodiana. Embora parte dessa afirmação seja apenas conjectura entre os eruditos, qualquer que tenha sido a origem da família de Joana, seu matrimônio com Cuza a tornou participante da alta classe de Tiberíades. Novamente, todas essas são pistas importantes.

Pense sobre a vida dela na corte à luz do que Joana eventualmente fez (de acordo com Lucas 8:1-3). Conforme observado no capítulo 1, quando ela se tornou seguidora de Jesus precisou cruzar um enorme abismo social. Contudo, ela, de boa vontade, colocou de lado sua vida no palácio e todas as suas amenidades para seguir a Cristo.

Por dois anos, Joana foi companhia constante de Jesus e Seus seguidores. Imagine que experiência de aprendizado foi aquela: ouvir Jesus ensinar aqui, ali e acolá, vê-lo abraçar e exaltar os "vira-latas"; contemplar o poder de Deus fluir livremente, vez após vez, sempre que as pessoas precisavam de comida e cura. Quando Jesus enviou os Doze para pregar e curar, esses homens representavam as doze tribos de Israel (LUCAS 9:1-6). No entanto, quando, mais tarde, enviou os setenta e dois para fazerem o mesmo, nada no texto restringe essa ocasião apenas a homens (LUCAS 10:1-17). Muitos eruditos creem que as mulheres faziam parte daquele grupo de pregadores/curadores e que Joana poderia ter estado entre eles. Imagine-a nos mercados dos vilarejos falando com mulheres enquanto elas vendiam suas mercadorias ou observe-a tocando aqueles que necessitavam de cura ou encorajamento. Essa era a mesma senhora aristocrata ligada à corte real em Tiberíades?

A essa altura, você pode estar se perguntando como Joana enfrentou essa nova vida com seu grupo de amigos maltrapilhos à luz de seu casamento com o ministro financeiro do rei, Cuza. Lembre-se de que os casamentos eram arranjados para as mulheres enquanto elas eram ainda bastante jovens, e normalmente aos 14 anos se tornavam noivas. Cuza era supostamente um homem mais velho com um currículo prévio muito forte em administração que o levou ao posto de oficial do rei. Alguns eruditos sugerem que ele morrera pelo tempo em que Joana, necessitada de cura, se aproximara de Jesus. Então, como uma saudável viúva independente, ela poderia deixar o palácio e se unir ao bando itinerante de discípulos que seguiam Jesus e cuidar de Suas necessidades físicas.

Sabemos que ela tinha liberdade de viajar com Jesus para Jerusalém para cada uma das grandes festas nacionais. Em sua última viagem, ela estava lá quando Ele foi preso, julgado, condenado e crucificado. Ela e as outras mulheres do grupo estavam diante da cruz assistindo Jesus morrer. E seguiram Nicodemos e José de Arimateia ao sepulcro no qual o corpo de Cristo foi depositado. Foram as primeiras a chegar à tumba na manhã da Páscoa com especiarias aromáticas para ungir adequadamente o corpo de Jesus. E foram as primeiras a ouvir o anúncio angelical: "Ele não está aqui; ressuscitou, como tinha dito". Ela estava entre aquelas que primeiramente levaram as notícias da ressurreição aos discípulos que se escondiam aterrorizados (LUCAS 24:10). Após a ascensão de Jesus ao Pai, ela provavelmente foi uma das mulheres que estavam com Maria, a mãe de Jesus, naquela reunião de oração no cenáculo (ATOS 1:14).

Então veio aquele momento transformador quando "Ao cumprir-se o dia de Pentecostes, estavam todos reunidos no mesmo lugar; de repente, veio do céu um som, como de um vento impetuoso, e encheu toda a casa onde estavam assentados. E apareceram, distribuídas entre eles, línguas, como de fogo, e pousou uma sobre cada um deles. Todos ficaram cheios do Espírito Santo" (ATOS 2:1-4).

Como um dos cristãos, Joana, sem dúvida, estava nesse grupo. Imagine como ela deve ter se sentido mais tarde naquele dia quando ouviu o apóstolo Pedro citar Joel, um profeta do Antigo Testamento:

E acontecerá nos últimos dias, diz o Senhor, que derramarei do meu Espírito sobre toda a carne; vossos filhos e vossas filhas profetizarão, vossos jovens terão visões, e sonharão vossos velhos; até sobre os meus servos e sobre as minhas servas derramarei do meu Espírito naqueles dias, e profetizarão. (ATOS 2:17,18)

Se a profecia tivesse sido realmente cumprida, como Pedro declarara, então surgia o amanhecer de um novo dia: homens e mulheres proclamariam igualmente a verdade de Deus.

A MULHER ORIENTADA PELO *Espírito de Deus*

ANDRÔNICO E JÚNIA EM ROMA

Voltemos ao nosso misterioso casal. Como Paulo os descreveu? Quais foram as dicas que esse apóstolo forneceu em sua carta?

1. Seus nomes foram citados (Andrônico e Júnia).
2. Eram judeus.
3. Estiveram aprisionados com o apóstolo Paulo.
4. Eram altamente respeitados entre os apóstolos.
5. Tornaram-se seguidores de Cristo antes de Paulo se converter.
6. Haviam "visto Jesus" durante Seu ministério terreno.

Já verificamos a primeira dica quando aprendemos que Júnia é o nome romano ou do latim equivalente ao nome hebraico Joana. Agora também podemos confirmar a segunda pista: Joana/Júnia era uma judia da Galileia. Não podemos verificar as dicas 3 e 4 porque não dispomos daquelas informações. Contudo, podemos verificar as pistas 5 e 6 porque sabemos que Joana/Júnia era parte do grupo de seguidores de Jesus durante Seu ministério terreno — ela viu Jesus.

Agora considere as credenciais de Joana para o ministério e apostolado. Ela era judia e falava hebraico e aramaico. Vivera em um palácio romano em uma cidade romana e, possivelmente, fora-lhe dado um nome romano como parte de sua identificação. É provável que ela também falasse o latim. E sabia como movimentar-se nos círculos romanos.

Todavia, quando chegamos ao nome Andrônico, retrocedemos pelo fato de que Joana era casada com Cuza. Este não era judeu; era nabateano. De forma alguma ele poderia se transformar em Andrônico. Porém, se lembrarmos que ele já era um homem mais velho quando Joana, ainda jovem, se casou com ele e, também, que a expectativa de vida no primeiro século era relativamente baixa, não é absurdo assumir que ele provavelmente havia morrido. Joana seria uma viúva, não mais ligada ao palácio romano, mas livre para viajar com Jesus e Seu grupo como uma benfeitora.

Júnia[s] e Andrônico

Agora como Júnia, ela vivia em Roma. Como ela poderia ter ido da Galileia para Roma? Aqui há uma pista potencial. Em sua primeira carta às igrejas da Ásia Menor, Pedro encerra com esta afirmação enigmática: "Aquela que se encontra em Babilônia, também eleita, vos saúda" (1 PEDRO 5:13). "Babilônia" era uma forma como se referiam a Roma sem mencionar a cidade por seu nome. Todas as fontes do primeiro século concordam que, embora Deus tivesse enviado Paulo aos gentios da Turquia e Grécia, Ele enviara Pedro como o apóstolo à cidadela do poderio romano, a própria Roma. Contudo, ainda não resolvemos as questões de como Júnia chegara a Roma e como Andrônico entra em cena.

Os eruditos indicam a maneira pela qual os nomes correspondentes hebraico e romano possuíam certa similaridade na ortografia e no som. Por exemplo, podemos ver isso nas letras que são compartilhadas entre os nomes "Joana" e "Júnia". E entre a rima de "Paulo" e "Saulo". É possível que Andrônico fosse a forma romana de André. A viúva Joana poderia, em algum momento, ter se casado com André — o irmão de Pedro e um dos Doze? Por um lado, essa é apenas uma ideia fantasiosa a qual não podemos provar. Por outro lado, faria sentido que Pedro levasse seu irmão e sua cunhada, que falavam latim, consigo em sua longa jornada ao coração do Império Romano. Os anos iniciais de Júnia no palácio romano em Tiberíades forneceram uma preparação maravilhosa para seu tardio trabalho missionário em Roma.

Fazer a ligação entre André e Andrônico está de acordo com as pistas que temos? André era judeu. Ele foi um dos primeiros seguidores de Jesus (MATEUS 10:1-4). Ele claramente cumpre as dicas 1, 2, 5 e 6. Por ele e Joana terem viajado com Jesus durante Seu ministério terreno, podemos supor que conheciam um ao outro. No entanto, é mera especulação se eles realmente se casaram. Sequer sabemos se ele e Joana/Júnia estiveram na prisão com o apóstolo Paulo em algum momento. Nem temos alguma declaração clara nas Escrituras de que este par era altamente estimado entre os apóstolos. Sabemos apenas que André, com seu irmão Pedro, era um dos primeiros apóstolos citados.

Embora não consigamos montar todas as peças do quebra-cabeça de Paulo, há peças suficientes disponíveis para nos ajudar a ver que Joana é a principal candidata a ser Júnia, uma apóstola de Roma. À medida que nos lembramos do que aprendemos sobre a história de vida dela, você pode perceber como o Espírito de Deus estava em ação anos antes na preparação de uma jovem noiva judia na Galileia para seu ministério como uma apóstola aos romanos? Ou como o Espírito de Deus usou a enfermidade de Joana para colocá-la em contato com Jesus? Ou como aqueles anos como parte do grupo de Jesus lhe deram acesso aberto aos ensinamentos de nosso Senhor que seria fundamental em todo o seu futuro ministério? O Espírito de Deus usou cada parte de sua exposição a Jesus em Seu ministério terreno — os milagres, os ensinos, o modelo invertido do reino — a fim de prepará-la para ensinar a outros, com precisão e clareza, o caminho para o relacionamento com Deus. Depois ela foi enviada a Roma para ensinar a outros o que Jesus lhe ensinara.

É muito improvável que Joana, enquanto ainda era uma jovem noiva, pudesse imaginar a forma como Deus usaria cada pequena parte de sua experiência no palácio romano. Normalmente, acontece o mesmo conosco. Você pode olhar para trás para seus primeiros anos e ver coisas que não pareciam importantes na época, mas que mais tarde Deus usou para transformar sua vida? É no espelho retrovisor da vida que algumas vezes podemos ter o melhor vislumbre da ação estratégica de Deus em nossa vida. O mistério de algumas de nossas experiências passadas pode ser resolvido quando percebemos o quão intimamente Deus tem agido em nós.

O Espírito de Deus está sempre em ação em nossa vida. Às vezes, são as experiências dolorosas que nos levam a nos movermos a uma direção diferente na vida. Outras vezes, é a preparação que não valorizávamos enquanto ela acontecia, mas que acabou por nos preparar para a próxima coisa que Deus colocou em nossas mãos para que façamos por Seu reino. Confie no Espírito de Deus para guiá-la. Quer você reconheça ou não, Deus já está agindo em nossa vida.

Questões para reflexão pessoal ou grupo de estudo

1. O capítulo explora as pistas disponíveis para resolver o quebra-cabeça sobre a identidade de Júnia e suas qualificações para o ministério do apostolado. De que maneiras sua própria vida pessoal ou espiritual tem sido um quebra-cabeça para você? Quais "pistas" ou peças faltantes você descobriu que a ajudaram a entender mais sobre sua identidade, seu propósito de vida, ou os dons que Deus lhe concedeu para seu ministério?

2. Embora seja pouco o que conseguimos reunir sobre a vida de Joana, esses dados revelam muitos altos e baixos — de uma educação aristocrática e vida palaciana, à possibilidade de uma viuvez prematura e uma enfermidade debilitante. E mesmo assim, todas essas experiências não apenas a levaram a conhecer Jesus e receber cura, mas também a prepararam para o ministério de apostolado. À medida que você reflete sobre sua própria vida, como descreveria sua "preparação" ministerial: os altos e baixos que a equiparam, ou ainda a equipam, a amar os outros em nome de Jesus?

Maria, Trifena, Trifosa, Pérside, Loide e Eunice

O ESPÍRITO DE DEUS NOS GUIA POR DIFERENTES CAMINHOS

O QUE É NECESSÁRIO para que seu nome apareça no noticiário? Parece que terá de realizar algo grandioso ou fazer algo de muito mau. A maioria de nós está feliz em viver tranquilamente sem ter que ver nossos nomes estampados nas manchetes de jornais. Por quê? Porque não realizamos nenhum grande feito e queremos garantir que não chamaremos atenção por ter feito algo terrível. No reino reverso de Deus, no entanto, sua vida pode ser mais interessante do que você percebe.

As mulheres que mereciam as manchetes nas cartas do Novo Testamento eram, com frequência, aquelas que poderíamos ignorar hoje em dia. Entre elas estavam mulheres que eram "trabalhadoras" (a natureza do trabalho não é especificada), ou donas de casa esquecidas em algum canto, mas ocupadas edificando a fé e a Palavra de Deus no coração de uma criança.

Maria, Trifena, Trifosa, Pérside, Loide e Eunice

Espalhados em várias cartas escritas pelo apóstolo Paulo estão seis nomes de mulheres dignas de manchetes, cada uma das quais reconhecida e honrada dentro das comunidades cristãs primitivas. O renomado erudito bíblico Richard Bauckham nos lembra de que as pessoas cujos nomes apareciam nas cartas neotestamentárias são aquelas que se distinguiam como trabalhadores ministeriais destacados ou eram bem conhecidos entre as igrejas por outras razões. Isso incluiria as mulheres que já conhecemos neste livro, como Dorcas, Lídia, Dâmaris, Priscila, Febe e Joana/Júnia. Contudo, agora voltamo-nos para outras seis interessantes mulheres, algumas das quais poderiam ser, de outra forma, menosprezadas.

Trabalhadoras no Senhor

À medida que prosseguimos lendo as saudações de Paulo aos vários cristãos romanos no final de sua longa carta, chegamos a quatro nomes que podemos achar desconhecidos:

> *Saúdem Maria, que trabalhou arduamente por vocês.*
> (ROMANOS 16:6 NVI)

> *Saúdem Trifena e Trifosa, mulheres que trabalham arduamente no Senhor. Saúdem a amada Pérside, outra que trabalhou arduamente no Senhor.* (ROMANOS 16:12 NVI)

O que essas mulheres têm em comum? Todas elas "trabalharam arduamente".

Quando você pensa em pessoas que trabalham arduamente, quais características lhe vêm à mente? Que palavras usa para descrevê-las? Diligentes? Comprometidas? Perseverantes? Focadas? Não desanimam? Outra palavra que poderíamos usar para descrever quem trabalha arduamente é *leal* — essas pessoas são resolutas e determinadas, inabaláveis em suas comunidades independentemente da dor, do custo ou da inconveniência requeridas.

São confiáveis e fiéis. Quer seu compromisso seja cuidar de um amigo ou parente adoecido, ganhar a vida em um local de trabalho difícil ou alguma tarefa aparentemente servil na igreja, esse tipo de trabalhadores completarão a obra sem alarde ou expectativas de louvor ou recompensa. Sabemos que podemos contar com eles.

Contudo, por mais admiráveis que sejam esses traços, uma diligência comprometida como essa realmente merece ser chamada de digna de manchetes? Bem, sim. Todas as noites nos noticiários da TV, o "herói" das manchetes normalmente fez o que tinha de ser feito, mas numa situação de risco. Talvez então, o fato de haver risco implicado é o que faz da ação de alguém ser digna de manchetes. Visto sob esse prisma, parte do que faz Maria, Trifena, Trifosa e Pérside serem notáveis não é apenas que trabalharam com afinco, mas que o trabalho árduo delas era "no Senhor".

Enquanto lê isso, você coça sua cabeça perguntando-se em como o trabalho delas "no Senhor" foi transformado em um risco digno de manchetes? Talvez um fator que esquecemos facilmente, mas que era central na vida dos cristãos do primeiro século, eram as imprevisíveis perseguições que todos os seguidores de Jesus Cristo experimentavam constantemente. Todos os judeus cristãos em Roma foram expulsos por muitos anos pelo imperador Cláudio. Depois, durante o reinado de Nero em Roma, ele não hesitou em usar os cristãos como tochas humanas para iluminar seus jardins à noite. E quem pode esquecer dos "jogos" no Coliseu, nos quais os cristãos eram lançados contra famintos animais selvagens? O trabalho árduo "no Senhor" (ou "pelo Senhor", como colocam algumas traduções) era por uma causa que muitas vezes carregava em si a placa de "Perigo".

Apesar dos perigos intermitentes, essas quatro mulheres continuamente colocavam todas as suas energias e criatividade na obra de Deus por Cristo e Seu reino. Sua notoriedade não era devida a uma posição ou tarefa cívica. Elas concentravam todos os seus esforços no trabalho de edificar o Corpo de Cristo em Roma, qualquer que fosse o risco.

Porém, há um significado adicional ao fato de seu trabalho árduo. E ele está em como essas mulheres realizam seu trabalho. Eram trabalhadoras com afinco *no Senhor*. Trabalhavam com a força do Senhor, seu Deus. Isso pode parecer promissor, mas nebuloso: o que realmente significava "no Senhor" para essas mulheres trabalhadoras? Inclui, pelo menos, três implicações que são verdade ainda hoje para nós, como era para aquelas ardorosas trabalhadoras do primeiro século.

Implicação 1: *Os que trabalham arduamente no Senhor são realistas sobre as limitações de sua própria força.* Podemos achar que o termo "trabalhador ardoroso" significa "trabalhar sem limite", alguém que nunca faz pausas. Contudo, precisamos atentar à antiga máxima: "Conhece-te a ti mesmo". Permanecer com uma tarefa difícil requer que sejamos realistas sobre nossos pontos fortes e nossos limites. Se não reconhecermos nossos limites, não seremos capazes de avaliar, realisticamente, o que podemos ou não realizar.

Você já assumiu tarefas ou oportunidades que cobraram caro de você — e daqueles ao seu redor — além de sua habilidade de lidar com a situação? Já se sentiu relutante em dizer "não" para as solicitações dos outros, ou se sentiu culpada ao fazê-lo? Já concordou em oferecer um elaborado jantar de celebração quando seu tempo e recursos disponíveis já estavam esticados ao máximo? Ou, em um esforço de agradar seu chefe ou um cliente, talvez tenha se comprometido com a entrega de um trabalho que ninguém conseguiria realizar dentro do prazo estabelecido? Se você se identifica com qualquer um desses cenários, então conhece as consequências de falhar em ser realista sobre suas forças e seus limites. No final, sente-se a pior, em vez da melhor, versão de você mesma e tem muito pouco a oferecer aos outros. E, creia-me, você não está sozinha nisso — todas já o fizemos!

A MULHER ORIENTADA PELO *Espírito de Deus*

Se queremos ser árduas trabalhadoras no Senhor que estão na obra do reino por longo tempo, precisamos ser realistas sobre nossas limitações. Não somente não há vergonha nas fraquezas e limites, como não há força divina disponível para nós sem isso. Os árduos trabalhadores no Senhor fazem melhor quando começam por reconhecer os limites de sua própria força.

Implicação 2: *Os ardorosos trabalhadores no Senhor são realistas sobre o mundo.* Da mesma forma como são realistas sobre si mesmos, também são realistas sobre o mundo onde trabalham. Sabem que o mundo não é amigo da graça. O apóstolo Paulo o coloca ainda mais claramente no final de sua epístola aos cristãos em Éfeso:

> *Quanto ao mais, sede fortalecidos no Senhor e na força do seu poder. [...] porque a nossa luta não é contra o sangue e a carne, e sim contra os principados e potestades, contra os dominadores deste mundo tenebroso, contra as forças espirituais do mal, nas regiões celestes.* (EFÉSIOS 6:10,12)

O apóstolo João trouxe um peso a mais quando terminou sua primeira carta para nos lembrar de que "Sabemos [...] que o mundo inteiro jaz no Maligno" (1 JOÃO 5:19). Aquelas mulheres do primeiro século não necessitariam de lembretes dessa realidade. Nós, por outro lado, podemos não reconhecer tão claramente quanto elas a batalha cósmica sendo travada entre os reinos deste mundo e o reino de nosso Deus. Nossa relativa segurança pode nos cegar para esta realidade espiritual. Se esse é nosso caso, podemos deixar passar a necessidade da terceira implicação.

Implicação 3: Os ardorosos trabalhadores no Senhor apoiam-se no Espírito de Deus para receber força e sabedoria. Devido às duas primeiras implicações — que admitimos nossas limitações humanas e que reconhecemos os poderes do mal no mundo — devemos nos apoiar na promessa divina de que Ele estaria conosco e nos concederia poder. Jesus fez essa promessa em Suas palavras finais no evangelho de Mateus: "...estou convosco todos os dias até à consumação do século" (MATEUS 28:20). À medida que cumprimos nossas tarefas diárias ou enquanto ministramos a outros por meio da igreja ou em nossa comunidade, nunca estamos sozinhas. Jesus disse a Seus seguidores que, quando Ele retornasse ao Pai, Ele enviaria o Espírito Santo que seria nosso guia (JOÃO 16:13). O Espírito de Deus está conosco para nos guiar à verdade. Isso inclui a verdade sobre nós mesmas, sobre nosso mundo e sobre a presença fortalecedora de Deus em nossa vida.

Todavia, quando reconhecemos nossos limites e vivemos e servimos aos outros dentro desses limites, descobrimos um maravilhoso paradoxo. O apóstolo Paulo descreveu isso da seguinte forma: "...quando sou fraco, então, é que sou forte" (2 CORÍNTIOS 12:10). Como assim? Quando ele era atormentado por um "espinho na carne", não revelado, e três vezes clamou a Deus para que o removesse, a resposta divina foi: "...o poder se aperfeiçoa na fraqueza" (12:9). Se queremos permanecer firmes e leais na obra por nosso Deus, viveremos dentro da realidade de que o nosso "socorro vem do SENHOR" (SALMO 121:2). No reino reverso de Deus, essa é a fórmula para sustentar os ardorosos trabalhadores.

QUAL ERA O TRABALHO ÁRDUO DESSAS QUATRO MULHERES?

Paulo definiu Maria, Trifena, Trifosa e Pérside como pessoas que trabalharam arduamente no Senhor (*polla ekopiasen em kurio*). No que exatamente elas trabalhavam arduamente? Não sabemos especificamente. No entanto, o que sabemos mesmo é que Paulo usou os mesmos termos gregos para descrever seu próprio ministério:

> ...*nos afadigamos* [kopiomen], *trabalhando com as nossas próprias mãos.* (1 CORÍNTIOS 4:12, ênfase adicionada)

> *Talvez meu árduo trabalho* [kekopiaka] *em seu favor tenha sido inútil.* (GÁLATAS 4:11 NVT, ênfase adicionada)

> *...no Dia de Cristo, eu me glorie de que não corri em vão, nem me esforcei inutilmente* [ekopiase]. (FILIPENSES 2:16, ênfase adicionada)

Estavam essas mulheres fazendo em Roma o que Paulo fazia em outros lugares? Estavam, talvez, fora de Roma, percorrendo outras cidades italianas, pregando as boas-novas? Estavam fundando novas igrejas nos lares em Roma mesmo? Não sabemos as respostas a essas perguntas além do uso que Paulo fez do termo para si mesmo e para elas. Contudo, temos uma partícula de informação que lança alguma luz em quanto Paulo estimava grandemente aqueles que eram ardorosos trabalhadores no Senhor. Ao referir-se a uma família que se consagrava "ao serviço dos santos", Paulo disse aos cristãos de Corinto que se sujeitassem "a eles e a outros que, como eles, servem com tanta devoção *[sunergounti kai kopionti]*" (1 CORÍNTIOS 16:16 NVT). Qualquer que fosse a natureza do ministério dessas quatro mulheres, seu serviço não apenas as tornou dignas de honra, mas também conquistou para elas autoridade espiritual. De acordo com Paulo, a resposta correta àqueles que servem com devoção — que consagram suas vidas em serviço — é seguir a liderança deles, sujeitar-se a eles.

Em outro lugar de suas epístolas, o apóstolo Paulo fala sobre o foco que os atletas trazem a seu treinamento:

> *Todo atleta em tudo se domina; aqueles, para alcançar uma coroa corruptível; nós, porém, a incorruptível. Assim corro também eu, não sem meta; assim luto, não como desferindo golpes no ar.* (1 CORÍNTIOS 9:25,26)

Maria, Trifena, Trifosa, Pérside, Loide e Eunice

Essa pode ser a descrição dessas notáveis mulheres a quem Paulo selecionou entre tantos como árduas trabalhadoras no Senhor.

Em um mundo no qual muitos cristãos se acomodam e deixam outros levarem adiante o trabalho por Cristo e Seu reino, aqueles ardorosos trabalhadores por Jesus, que são diligentes e comprometidos, são genuinamente dignos das manchetes. Essas são mulheres que perseveraram em seu compromisso com Jesus sem olhar para trás. Recusavam-se a abandonar o ofício. Eram verdadeiramente dignas de manchetes.

O Espírito de Deus guia algumas mulheres a ministérios de vanguarda de forma que outros as veem. Até este ponto de nosso estudo, já observamos mulheres ativas em alguns tipos de ministério: cuidado, como a preocupação de Dorcas com os pobres e viúvas; ministérios de benfeitoria, como de Joana e Lídia; ministérios com intelectuais, como Dâmaris; líderes de igrejas, como a diaconisa Febe; apóstolas, como Júnia; ou cooperadoras de Paulo, como Priscila. Então há as quatro mulheres que Paulo selecionou como trabalhadoras ardorosas. Porém, todas essas mulheres constituem apenas uma parte da imagem das mulheres notáveis nas igrejas do Novo Testamento.

LOIDE E EUNICE: MÃE E FILHA DE FÉ NÃO DISSIMULADA

Agora conheceremos outro tipo de ardorosos trabalhadores registrados nas páginas do Novo Testamento. Essas são ardorosas trabalhadoras do primeiro século cuja tarefa no reino era seu comprometimento com o vital ministério da boa paternidade. Elas eram cruciais no trabalho de Deus em seu próprio tempo, e, atualmente, suas "filhas" são igualmente vitais no trabalho do Senhor. Qualquer um que pense que ser uma boa mãe de criança não é "trabalho árduo" ainda não assumiu essa tarefa!

A boa paternidade pode não ser tão publicamente digna de nota como foi o trabalho árduo de Trifena, ou de Trifosa, ou de Maria, ou de Pérside. Contudo, Deus vê o valor desse labor maternal e a coroa com a bênção: *Muito bom, minha filha! Você tem sido fiel ao longo dos anos em treinar seus filhos na piedade. Descanse agora no conhecimento de que o Céu vê e aplaude seu labor. Virá o tempo em que seus filhos se levantarão e a chamarão de ditosa* (PROVÉRBIOS 31:28).

Na cidade de Listra, no centro da Turquia, uma mãe, chamada Eunice, e uma avó, chamada Loide, instilaram a fé e a verdade da Palavra de Deus em seu filho e neto chamado Timóteo. Pouco sabiam quão importante seu fiel trabalho seria para toda uma igreja várias décadas mais tarde. A fim de apreciar sua realização, precisamos conhecer o pano de fundo que, no final, capacitou Timóteo a exercer um papel central no resgate de uma igreja do primeiro século fragmentada pelas garras da heresia.

O apóstolo Paulo, com seus colaboradores Priscila e Áquila, havia passado três difíceis anos implantando novas igrejas por toda a cidade de Éfeso, no canto sudoeste da Turquia. Inquestionavelmente, Éfeso fora a missão mais desafiadora do apóstolo: foi a única cidade em que tanto judeus quanto gentios se lhe opuseram (ATOS 19:8,9; 23-31). Também foi em Éfeso que Paulo lutou com bestas selvagens e estava sob tanta pressão que ele desesperou da própria vida (1 CORÍNTIOS 15:32).

Anos mais tarde, em seu caminho de volta para Jerusalém no final de sua terceira viagem missionária, Paulo encontrou com os anciãos efésios em Mileto, o porto para se entrar em Éfeso. Lá, ele os relembrou que a fundação daquelas igrejas em Éfeso fora realizada "com lágrimas" (ATOS 20:19,31). E depois avisou-os de que mais lágrimas estavam por vir. O Espírito de Deus revelara a Paulo que um desastre espiritual ameaçava as igrejas em Éfeso:

> *Eu sei que, depois da minha partida, entre vós penetrarão lobos vorazes, que não pouparão o rebanho. E que, dentre vós mesmos, se levantarão homens falando coisas pervertidas para arrastar os discípulos atrás deles. Portanto, vigiai,*

Maria, Trifena, Trifosa, Pérside, Loide e Eunice

lembrando-vos de que, por três anos, noite e dia, não cessei de admoestar, com lágrimas, a cada um. (ATOS 20:29-31)

Paulo não mediu palavras. Em termos inequívocos, ele exortou os anciãos a ficarem alertas e a se prevenirem quanto ao que estava por vir.

Infelizmente, os anciãos ou falharam em prestar atenção na advertência de Paulo, ou os esforços deles ocorreram tarde demais. Muitos anos depois, enquanto Paulo estava acorrentado em uma prisão romana, o desastre previsto havia acontecido. As congregações em Éfeso estavam cambaleando entre os ataques internos e externos: os ensinos heréticos perturbando as congregações. No entanto, apesar da devastação, Paulo acreditava que as igrejas ainda eram recuperáveis (1 TIMÓTEO 1:3). A fim de intervir e limpar a desordem, Paulo enviou seu jovem cooperador Timóteo de volta a Éfeso.

O TREINAMENTO PRÁTICO DE TIMÓTEO

Que tipo de líder você levaria para tratar de um desastre tão complexo e multifacetado como o referenciado? O que sabemos sobre o tipo de pessoa que era Timóteo? É na segunda epístola a Timóteo que descobrimos sobre a criação desse jovem. Ela se constitui de duas partes: a fé genuína em Deus (2 TIMÓTEO 1:5) e o sólido alicerce nas Escrituras (2 TIMÓTEO 3:14-17).

Ouvimos falar sobre a fé que Timóteo demonstrava quando Paulo testifica dela: "pela recordação que guardo de tua fé sem fingimento, a mesma que, primeiramente, habitou em tua avó Loide e em tua mãe Eunice, e estou certo de que também, em ti" (2 TIMÓTEO 1:5). Timóteo tinha uma herança de fé genuína que recebeu de sua avó e mãe.

Fingir algo significa dissimular ou ser insincero. Uma fé fingida seria de aparência, uma fé apenas para exibição e sem substância. Não era o tipo de fé que resistiria à oposição que Timóteo enfrentaria em Éfeso. Essa situação horrenda exigia fé genuína, a confiança de todo o coração e firme de que Deus agiria nele e por meio dele. Contudo, não requereria o que chamamos de fé cega — uma espécie de pensamento mágico de que Deus, de alguma forma, solucionaria tudo. Antes de continuarmos com a história prévia de Timóteo é importante fazer essa distinção, pois é nesse ponto que os cristãos atuais falham: não porque não têm fé genuína, mas por entenderem mal a natureza da fé.

Quando eu estava no final de minha adolescência, li esta afirmação sobre fé em minha Bíblia: "Ora, a fé é o firme fundamento das coisas que se esperam e a prova das coisas que se não veem" (HEBREUS 11:1 ARC). De alguma forma, em minha mente eu assumi que essa declaração queria dizer que a fé era o mesmo que *certeza*. Em outras palavras, se eu tivesse fé, poderia ter certeza absoluta sobre as coisas.

Errado.

Ter uma confiança firme em Deus não é o mesmo que ter certeza absoluta sobre como as coisas se sucederão. Posso prosseguir em fé porque confio que Deus está comigo, mas isso não quer dizer que posso ter certeza dos resultados. Isaías, um profeta do Antigo Testamento, nos lembra de que os caminhos de Deus não são os nossos caminhos:

> *Porque os meus pensamentos não são os vossos pensamentos, nem os vossos caminhos, os meus caminhos, diz o SENHOR. Porque, assim como os céus são mais altos do que a terra, assim são os meus caminhos mais altos do que os vossos caminhos, e os meus pensamentos, mais altos do que os vossos pensamentos.* (ISAÍAS 55:8,9)

À medida que eu crescia e aprendia mais sobre a natureza da fé, descobri que a fé e a dúvida são dois lados da mesma moeda. Tudo depende de eu optar por "cara" ou "coroa". Escolho viver do lado da moeda que representa a fé, crendo que Deus é bom e, no final, fará apenas o que é bom)? Ou escolho viver no lado da dúvida (crendo que a bondade de Deus não é garantida, já que Ele poderá me decepcionar)? Um cristão mais experiente disse certa vez: "a fé é dar um passo no vazio e encontrar solo firme debaixo de seus pés". O lado da moeda que é o da fé é o que me capacita a dar um passo no vácuo confiando em Deus para que haja o resultado do chão firme. Esse tipo de fé é fundamentado não no que eu espero que possa ser o resultado de alguma situação, mas no que acredito ser verdade nas Escrituras sobre quem Deus é. O autor e pastor Dallas Willar colocou-a muito bem quando escreveu: "Jamais poderemos entender a vida de fé vista nas Escrituras e em um viver cristão sério, a menos que abandonemos a ideia de que a fé é um 'salto às escuras' e entendamos que fé é o compromisso em ação, muitas vezes acima de nossa habilidade natural, *baseado no conhecimento de Deus e de Seus caminhos*".[1] Quando minhas decisões vêm da fé genuína, posso caminhar em direção ao desconhecido e incerto porque o amor infalível de Deus me envolve e eu posso confiar em Sua obra na minha vida.

As circunstâncias mudam, porém, o caráter de Deus não. A fé me conduz a escolher viver e trabalhar fundamentada nesse conhecimento. E isso nos leva de volta à razão pela qual Timóteo era a pessoa certa para a difícil tarefa diante de si em Éfeso. Embora ele estivesse indo em direção ao desconhecido e incerto, sua fé era genuína — sabia que poderia confiar em Deus para os resultados, quaisquer que fossem eles.

Todavia, Timóteo também possuía um segundo dom recebido de sua mãe e avó sobre o qual poderia se apoiar: seu conhecimento da Palavra de Deus. Loide e Eunice o haviam fundamentado nas Escrituras. Paulo explicitou como esse fundamento manteria Timóteo inabalável quando fosse atacado pelos penetrantes ventos da heresia em Éfeso:

A MULHER ORIENTADA PELO *Espírito de Deus*

> *Tu, porém, permanece naquilo que aprendeste e de que foste inteirado, sabendo de quem o aprendeste e que, desde a infância, sabes as sagradas letras, que podem tornar-te sábio para a salvação pela fé em Cristo Jesus. Toda a Escritura é inspirada por Deus e útil para o ensino, para a repreensão, para a correção, para a educação na justiça, a fim de que o homem de Deus seja perfeito e perfeitamente habilitado para toda boa obra.* (2 TIMÓTEO 3:14-17)

Timóteo não apenas compartilhou a fé genuína exemplificada por sua avó e mãe, mas Loide e Eunice também o levaram, passo a passo, através das Escrituras como uma âncora para sua vida. Em Éfeso, Timóteo precisaria combater todos os tipos de heresia e as pessoas difíceis que as promoviam. Como ele restauraria a ordem, estabeleceria o que é verdadeiro e traria as pessoas de volta à verdade? Foi aquele treinamento precoce e contínuo na Palavra de Deus que lhe forneceu a base não apenas para discernir e corrigir as heresias, mas também para tratar com as pessoas complicadas. Paulo poderia confiar a Timóteo essa difícil missão, pois o apóstolo sabia que a fé de Timóteo era genuína e que ele tinha uma formação sólida nas Escrituras.

Você vê como o Espírito de Deus orienta, algumas vezes lançando um fundamento sólido sob nós para algo em um futuro distante o qual não podemos sequer imaginar? Loide e Eunice, nos anos de infância de Timóteo, não poderiam ter imaginado que viria o tempo em que ele recorreria a cada parte daquele fundamento para resgatar os efésios de seu emaranhamento na heresia. Isso também é válido para nós. Podemos, na ocasião, não ter considerado a relevância de muita coisa que aprendemos ou experimentamos anos antes, porém como adultos damos aquela olhada para trás no retrovisor da vida e, então, podemos dizer: "Aha, então era para isso que servia aquele treinamento de anos atrás". Naquele momento, sentimos aquela onda de gratidão percorrendo nosso ser enquanto reconhecemos o presente que recebemos anos atrás antes que soubéssemos que precisaríamos disso.

COMO LOIDE E EUNICE CHEGARAM A ESSA FÉ?

Como Loide e Eunice chegaram a essa fé que depois transmitiram a Timóteo? Para que obtenhamos a resposta, retrocedamos na história para explorar seus antecedentes. Tudo começou com a primeira viagem missionária de Paulo para a parte centro-sul da Turquia. Em Atos 14, ele e Barnabé estavam na cidade de Listra. Enquanto Paulo pregava, ele notou um homem coxo de nascimento. De alguma forma, o Espírito de Deus alertou Paulo que esse homem tinha fé para ser curado. Assim, quando o apóstolo o chamou e em voz alta disse: "Apruma-te", o coxo obedeceu e começou a andar. Um milagre! Como poderia ser?

Espantados, algumas pessoas em Listra decidiram que esses visitantes deviam ser algum dos deuses gregos que tinham vindo para a Terra! Pelo fato de Paulo ser o orador, eles determinaram que ele deveria ser o deus Hermes e Barnabé deveria ser Zeus. Como o templo de Zeus ficava na periferia da cidade, o sacerdote "trouxe touros e coroas de flores até as portas da cidade, pois ele e a multidão queriam oferecer sacrifícios aos apóstolos" (ATOS 14:13 NVT). Paulo e Barnabé ficaram apavorados e se empenharam para convencer as pessoas de que eram meros mortais. Mesmo assim, "foi ainda com dificuldade que impediram as multidões de lhes oferecerem sacrifícios" (ATOS 14:18). (Você pode ler toda essa fascinante história em Atos 14:8-20.)

À medida que Paulo continuou a pregar o evangelho do amor e da graça divinos por meio de Jesus Cristo, é possível que na plateia daquele dia houvesse duas judias, Loide e Eunice, com, talvez, o pequeno Timóteo ao lado delas. Esse pode ter sido o momento em que se tornaram crentes em Jesus Cristo como o Messias de Deus. Aliando seu conhecimento das Escrituras hebraicas com sua recém-descoberta fé em Cristo, essas mulheres instruíram cuidadosamente o jovem Timóteo na fé genuína e no conhecimento da verdade de Deus nas Escrituras.

Anos mais tarde, quando Paulo, agora viajando com Silas, retornou a Listra em sua segunda viagem missionária, ele ficou tão impressionado com Timóteo que lhe pediu que se unisse a eles em seu trabalho. Assim começou uma longa parceria ministerial que levou Timóteo a lugares que ele provavelmente jamais sonhara ver e lhe deu experiências que, de outra forma, ele talvez não tivesse escolhido, mas com as quais estava apto a se envolver.

Inicialmente encontramos Timóteo como parte da história de Lídia (capítulo 4). Junto a Paulo e Silas, ele havia atravessado da Turquia para o norte da Grécia. Depois percebemos que Timóteo, filho de pai grego, seria especialmente útil aos apóstolos nesse novo território. Enquanto ele viajava com Paulo e Silas, primeiramente a Filipos e depois a Tessalônica, Bereia, ao sul de Atenas e a Corinto, o jovem amadureceu rapidamente, tanto que, quando Paulo precisou de um colega confiável para enviar a Éfeso anos mais tarde, Timóteo estava pronto.

Contudo, Paulo reconheceu que alguns efésios poderiam considerar a relativa juventude de Timóteo como limitante. Como ele poderia, efetivamente, tratar com aqueles senhores e senhoras que espalhavam a heresia nas igrejas de Éfeso? Sabendo de antemão que isso poderia ser um problema, Paulo antecipou-se em dar conselhos a Timóteo:

> *Ninguém despreze a tua mocidade; pelo contrário, torna-te padrão dos fiéis, na palavra, no procedimento, no amor, na fé, na pureza.* (1 TIMÓTEO 4:12)

Observe como Timóteo teve que lidar com sua limitação: ele a superaria vivendo em exemplo de amor, fé e pureza tanto em palavras quanto em atitudes. Essa é uma boa fórmula para qualquer cristão que enfrente o criticismo advindo de qualquer fonte.

Maria, Trifena, Trifosa, Pérside, Loide e Eunice

Independentemente dos resultados, quando o que dizemos e como vivemos é orientado por demonstrações de amor, fé e nossa pureza, nós vencemos.

O MINISTÉRIO PODE ADQUIRIR MUITAS FORMAS

Quatro das mulheres sobre quem discutimos tiveram a oportunidade de se tornarem trabalhadoras ardorosas no Senhor junto ao apóstolo Paulo. Elas empregaram suas vidas em serviço público ao povo de Deus, e conhecemos seus nomes mais de 2.000 anos depois devido a sua devoção digna de louvor. Duas outras mulheres se destacaram nos bastidores quando se tornaram exemplos de fé genuína e mestras da Palavra de Deus a uma criança. Quem poderia prever que a avó Loide e a mãe Eunice prepariam um menininho na fé e nas Escrituras de forma tal que ele ficaria habilitado a assumir uma das tarefas apostólicas mais difíceis: tratar com múltiplas formas de heresia em Éfeso?

Deus dera a Eunice e a seu marido um filho, Timóteo. Ela e sua mãe levaram a sério a responsabilidade de instruir esse menino na fé e nas Escrituras. No entanto, as crianças crescem e se mudam, ajudando-nos a perceber que há diferentes estações em nossa vida. Não sabemos de que maneira Eunice e Loide podem ter se envolvido no ministério da igreja em Listra mais tarde, quando sua responsabilidade por Timóteo se encerrara. Nem sabemos se, em um tempo anterior em suas vidas, Trifena, Trifosa, Maria ou Pérside poderiam ter investido tempo, discretamente treinando um filho na verdade divina. Em cada caso, o Espírito de Deus estava em ação conduzindo cada mulher ao ministério no qual ela deveria se engajar, quer em casa quer trabalhando arduamente com o apóstolo de Deus. E, quando uma tarefa era completada, o Espírito de Deus estava lá, pronto para conduzir as mulheres dispostas ao próximo ministério.

Algumas vezes ficamos mais impressionadas com as proezas daqueles que vão a terras distantes sob condições perigosas do que com o trabalho discreto e permanente daquelas mulheres que educam seus filhos na fé genuína e no conhecimento da Palavra de Deus. Mas ambos os tipos de ministério são necessários. Como vimos na vida dessas seis mulheres, o ministério especial para o qual Deus nos chama, público ou de bastidores, não é o que mais importa. O que realmente pesa é que trabalhemos arduamente naquilo que Deus coloca em nossas em nossas mãos para fazermos, que o realizemos com fé genuína e que estejamos fundamentadas na verdade das Escrituras.

As heranças, financeiras ou espirituais, são passadas de geração a geração. A avó de Timóteo, Loide, e sua mãe, Eunice, serviram de modelo de fé genuína em Deus. O livro de Provérbios observa que "O homem de bem deixa herança aos filhos de seus filhos" (13:22). Timóteo recebeu uma gloriosa herança — atemporal — de sua avó Loide e de sua mãe Eunice, uma herança duradoura de fé genuína e conhecimento da Palavra de Deus. O ministério delas pode acabar sendo o mais valoroso de todos.

Questões para reflexão pessoal ou grupo de estudo

1. Quem lhe serviu de exemplo de "trabalhar arduamente no Senhor"? De que maneiras as palavras e as atitudes dessa pessoa refletiram as três implicações que devem ser práticas aos trabalhadores ardorosos no Senhor (PÁGINAS 138-139)?

2. Baseada em sua própria experiência ou em sua observação de outros, que distinções você faria entre ser um "trabalhador ardoroso" e "trabalhar arduamente no Senhor"? Compartilhe exemplos pessoais que lhe vêm à mente para ilustrar sua resposta.

Maria, Trifena, Trifosa, Pérside, Loide e Eunice

3. Baseada no que o apóstolo Paulo observava e estimava nas seis mulheres mencionadas, este capítulo explorou o que se constitui em um ministério "digno de manchetes", alguns dos quais foram públicos e alguns que ocorreram nos bastidores. Como você caracterizaria a estima conferida às várias formas de ministério dentro de nossa própria comunidade cristã? O que tende a ser rotineiramente reconhecido e afirmado? O que tende a ser menosprezado?

4. Que tipo de herança de fé você mais deseja deixar para aqueles que lhe sucederão?

Evódia e Síntique

O Espírito de Deus nos orienta para nos vermos como servas de Deus

EU ERA UMA moleca quando criança. Não havia meninas de minha idade em nossa quadra, e meu irmão tinha muitos amigos que me deixavam jogar *softball* ou futebol americano com eles. Eu me orgulhava de lançar aquela bola do *softball* por cima do outdoor da esquina. Certo dia de outono, porém, quando estávamos jogando futebol americano, eu tinha a bola e estava de cara na grama por cima dela, e os garotos se empilhavam em cima de mim. Depois, só lembro de um vizinho idoso estar gritando e puxando os meninos para o lado. Ele me pôs de pé e me mandou para casa, dizendo que meninas *jamais* deviam jogar futebol americano. Aquilo encerrou minha vida de "moleque". Eu era menina e não devia jogar futebol. Fim da discussão. E essa estaria longe de ser a última vez que ouvi que havia coisas que eu simplesmente não poderia fazer ou dizer por ser mulher.

Infelizmente, uma dessas coisas que eu e outras mulheres temos ouvido é que não podemos ter uma posição de liderança dentro da igreja. No entanto, como já temos explorado ao longo deste livro, mulheres como Priscila, Febe, Júnia, Maria, Trifena, Trifosa, Pérside e outras nas igrejas do primeiro século realizaram o mesmo tipo de ministério que seus colegas masculinos. Ao fazê-lo, eram elas "líderes"? Quando lemos livros seculares sobre liderança, sabemos o que a palavra significa no mundo de negócios. No entanto, a palavra carrega o mesmo sentido quando a trazemos para dentro dos edifícios da igreja? Isso nos leva a questionar: 1) O que queremos dizer quando usamos a palavra "liderança" no ministério cristão? 2) Como a compreensão bíblica de liderança afeta como trabalhamos juntos no ministério?

Pergunta 1: O que queremos dizer quando usamos a palavra "liderança" no ministério cristão?

Antes de tratar diretamente da questão, precisamos ter um contexto mais amplo sobre liderança: Como a maioria das pessoas define essa palavra? Sabemos que termos concorrentes dominam os negócios e os governos e que, às vezes, esses escorregam para dentro das igrejas. Então quais noções seculares competem com a compreensão bíblica de liderança?

O consultor em gestão e autor Peter Drucker tem uma famosa definição sobre o que significa ser líder: "Qualquer um que tenha seguidores". Contudo, essa definição não nos levará muito longe. Se verificarmos no mundo organizacional, a maioria dos livros sobre o tema definiria um líder como uma pessoa em altos cargos — o CEO (Presidente Executivo), o CFO (Administrador Executivo Financeiro) ou o COO (Diretor de Operações). Depois nos dizem que o papel dessas pessoas nos negócios é estabelecer a visão para uma organização que, espera-se, os outros sigam.

No entanto, em muitos cenários empresariais nem todas as pessoas em cargos elevados são responsáveis por definir a visão. É aqui que alguns gurus em liderança distinguem entre os *gestores* e os *líderes*. Os últimos são aqueles que estabelecem a visão, os primeiros são os que a implementam em todos os níveis. Porém, em ambos os casos, quer gerente quer líder, essa pessoa está acima de outros de forma que demanda o "seguir" — alguém tem que conduzir a visão. Assim, o líder no contexto empresarial tem múltiplas expressões.

Contudo, e em outros cenários? Por exemplo, no contexto militar a liderança não tem a ver com visão ou sequer gestão. Tudo tem a ver com quem está no comando — quem tem a autoridade de dizer às tropas aonde ir, o que fazer e quando o fazer. Isso é gestão ou liderança? Hummm. Se virmos no mundo animal, o "líder" é a criatura que é maior, mais rápida, mais bonita ou mais assertiva. Na natureza, a liderança é definida por dominância. Considere apenas mais um exemplo: a corrida de cavalos. Nesse contexto, o líder é simplesmente aquele que está à frente do bando. O jóquei sobre o cavalo líder não está liderando ninguém. Ele ou ela está simplesmente lutando para ser o primeiro a alcançar o objetivo mutuamente desejado.[1]

Obviamente, o contexto no qual consideramos o que é um líder importa. O que pode ser verdade em um ambiente organizacional certamente não o é no zoológico. Assim, estamos falando sobre uma empresa, um exército, um zoológico ou uma corrida de cavalos? Nossa definição mudará conforme o contexto mude. Esse fator significa muito quando falamos de liderança na igreja.

Quando nos voltamos para alguns livros sobre liderança, a maioria deles nos diz que um líder é definido por dois denominadores comuns: *posição* e *poder*. Por trás disso jaz a questão de "autoridade" — quem está encarregado, quem tem o poder. Os livros de História estão lotados com as histórias daqueles que tiveram posições de poder. Os historiadores raramente focam naqueles que não as tiveram.

Já vimos o suficiente sobre a literatura secular a respeito de liderança. Agora voltemos nossa atenção para o que Jesus ensinou sobre liderança, que é como conseguiremos nossa resposta à questão: O que queremos dizer quando usamos a palavra "liderança" no ministério cristão?

Você se lembra dos incidentes em Mateus 20 e João 13 vistos no capítulo 7? Compensa repeti-los aqui à medida que tentamos apreender o significado da palavra liderança no ministério cristão. Quando a mãe de Tiago e João pediu a Jesus que desse a seus filhos posições de poder à Suas mãos direita e esquerda no reino vindouro, Ele decidiu que era tempo de dar aos doze discípulos uma instrução sólida sobre liderança:

> *Então, Jesus, chamando-os, disse: Sabeis que os governadores dos povos os dominam e que os maiorais exercem autoridade sobre eles. Não é assim entre vós; pelo contrário, quem quiser tornar-se grande entre vós, será esse o que vos sirva; e quem quiser ser o primeiro entre vós será vosso servo; tal como o Filho do Homem, que não veio para ser servido, mas para servir e dar a sua vida em resgate por muitos.*
> (MATEUS 20:25-28)

Jesus começa reconhecendo como a liderança é definida no contexto do mundo, onde os líderes são, por definição, aqueles que ostentam sua posição e autoridade em detrimento daqueles que estão abaixo de si. E então faz uma afirmação impressionante: "Não é assim entre vós". Em outras palavras: *Entre vocês, a liderança será o reverso do que é no mundo.* E para que ninguém pense que Ele está falando meramente de alguns pequenos ajustes no modelo terreno, Jesus continua e descreve precisamente o que Ele quer dizer com Sua afirmação. Os líderes no mundo são os governantes e os maiorais; os líderes no reino são servos e escravos. Os líderes mundanos ostentam sua autoridade sobre outros; os líderes no reino do Céu entregam sua vida em serviço a outros. Os líderes mundanos são todos iguais; os líderes no reino divino são diferentes — radicalmente diferentes. Lideramos enquanto servimos. Jesus é nosso modelo e o reino de Deus é nosso contexto.

Jesus foi tão intencional em inculcar essa verdade radical sobre a liderança que uma das últimas coisas que Ele fez em Suas poucas horas restantes, antes de Sua prisão e crucificação, foi trazer uma lição objetiva disso aos doze discípulos. Foi assim que Ele demonstrou como é a liderança no reino de Deus:

> *...levantou-se da ceia, tirou a vestimenta de cima e, tomando uma toalha, cingiu-se com ela. Depois, deitou água na bacia e passou a lavar os pés aos discípulos e a enxugar-lhos com a toalha com que estava cingido. [...] Depois de lhes ter lavado os pés, tomou as vestes e, voltando à mesa, perguntou-lhes: Compreendeis o que vos fiz? Vós me chamais o Mestre e o Senhor e dizeis bem; porque eu o sou. Ora, se eu, sendo o Senhor e o Mestre, vos lavei os pés, também vós deveis lavar os pés uns dos outros. Porque eu vos dei o exemplo, para que, como eu vos fiz, façais vós também. [...] Ora, se sabeis estas coisas, bem-aventurados sois se as praticardes.* (JOÃO 13:4,5; 12-15,17)

Jesus, repetidamente em todos os evangelhos, coloca os valores e perspectivas do mundo de cabeça para baixo. Na liderança, assim como em todas as outras áreas da vida cristã, Jesus relembra Seus seguidores: "...quem quiser tornar-se grande entre vós, será esse o que vos sirva; e quem quiser ser o primeiro entre vós será vosso servo" (MATEUS 20:26,27). Quer o contexto seja um reino econômico, político, cultural ou qualquer outro tipo de reino que as pessoas façam para si mesmas, a vida e a liderança no reino de Deus são radicalmente *diferentes*. Não será como os reinos desse mundo. Assim sendo, quando usamos a palavra "liderança" no ministério cristão, estamos levando tão seriamente o modelo reverso de Jesus para liderança que aceitamos nosso lugar como servas de todos.

Evódia e Síntique

Pergunta 2: Como a compreensão bíblica de liderança afeta como trabalhamos juntos no ministério?

À luz do poderoso ensinamento de Jesus sobre liderança, precisamos avaliar como os homens e as mulheres das igrejas do Novo Testamento viam e cumpriam com as responsabilidades de liderança. O que os motivava? Seria porque eles estavam cumprindo o ministério que o Espírito de Deus colocara em suas mãos e corações em um espírito de serviço? Ou algum deles via o ministério com uma perspectiva de poder ou posição? Sempre é possível, mesmo para o melhor de nós, ser seduzido pelo "canto da sereia" do poder.

Quando lemos a epístola de Paulo aos cristãos de Filipos somos forçados a pausar quando o apóstolo observa, com tristeza: "Alguns, efetivamente, proclamam a Cristo por inveja e porfia; outros, porém, o fazem de boa vontade [...] aqueles, contudo, pregam a Cristo, por discórdia, insinceramente" (FILIPENSES 1:15,17). Paulo conclui que eles o estão fazendo para atribulá-lo enquanto ele permanece calado na prisão.

Então, quando chegamos ao final do capítulo da carta de Paulo aos cristãos filipenses, lemos sobre duas mulheres líderes na igreja que precisavam de ajuda:

> *Rogo a Evódia e rogo a Síntique pensem concordemente, no Senhor. A ti, fiel companheiro de jugo, também peço que as auxilies, pois juntas se esforçaram comigo no evangelho, também com Clemente e com os demais cooperadores meus, cujos nomes se encontram no Livro da Vida.* (FILIPENSES 4:2,3)

O que sabemos sobre essas duas mulheres? Paulo as chama de suas cooperadoras, bem como cooperadoras de Clemente e outros. Eles eram evangelistas anunciando as boas-novas da salvação em Jesus Cristo.

Paulo não as agrupa com aquelas que citou como pregando o evangelho por inveja e contenda. Todavia, de alguma forma, algo de conhecimento público irrompera entre elas e precisava ser tratado. A edição da Bíblia na Nova Versão Transformadora chama de "desentendimento" entre elas, mas outras traduções simplesmente indicam que as duas mulheres tinham opiniões divergentes sobre algo importante:

O que eu rogo a Evódia e também a Síntique é que vivam em harmonia no Senhor. (NVI)

Rogo a Evódia e rogo a Síntique que sintam o mesmo no Senhor. (ARC)

Evódia e Síntique, peço, por favor, que procurem viver bem uma com a outra, como irmãs na fé. (NTLH)

A tradução literal do apelo em grego é "pensem a mesma coisa no Senhor".

Embora não possamos ter certeza de que essas mulheres realmente tivessem um desentendimento impeditivo no ministério, elas claramente possuíam opiniões diferentes sobre algo que, de alguma forma, ameaçava a unidade da igreja. Os desacordos podem permanecer no particular, contudo, quando eles se espalham para o público, impactam negativamente os outros. Se, de fato, a questão fosse uma discussão entre essas duas líderes, faria sentido que o apóstolo Paulo trouxesse outros para ajudar essas duas mulheres a tratar seu problema.

De acordo com Jesus, a liderança no reino invertido de Deus trata-se de nos vermos como servas, até escravas, não como aqueles "com autoridade". O que quer que perverta esse ensinamento básico atrapalha a obra de Deus, como aqueles que pregavam por inveja ou contenda para atribular o apóstolo Paulo. Ou poderiam ser líderes cujas ideias conflitantes colidiam em público de forma divisória.

Sempre que as pessoas trabalham juntas, há a possibilidade de que, em algum momento, possam discordar sobre algo importante. Se o desentendimento se resolver rapidamente, o relacionamento entre as partes e o trabalho que fazem juntas podem reconquistar seu auge. No entanto, se estender-se e outros forem incluídos para escolherem lados, o que começou como um projeto prazeroso logo se azeda.

Para lidar com esse caso, o apóstolo já havia tocado no assunto de tratar desentendimentos anteriormente em sua carta aos filipenses:

> *Completai a minha alegria, de modo que penseis a mesma coisa, tenhais o mesmo amor, sejais unidos de alma, tendo o mesmo sentimento. Nada façais por partidarismo ou vanglória, mas por humildade, considerando cada um os outros superiores a si mesmo. Não tenha cada um em vista o que é propriamente seu, senão também cada qual o que é dos outros. Tende em vós o mesmo sentimento que houve também em Cristo Jesus.* (FILIPENSES 2:2-5)

Será que Paulo tinha Evódia e Síntique em mente quando escreveu essas palavras? Possivelmente. Contudo, como já falamos, Paulo também destacava outros em Filipos que estavam pregando por "inveja e porfia". Ele não tinha apenas essas duas mulheres em vista. Era qualquer um cuja motivação do serviço fora corrompida para o ganho egoísta.

O antídoto para tais atitudes era a afirmação imperativa: "Tende em vós o mesmo sentimento que houve também em Cristo Jesus" (FILIPENSES 2:5). Somos chamadas a seguir o exemplo de Jesus de entregar Sua vida por Seus amigos (JOÃO 10:11). Por quê? Porque essa é a versão de liderança no reino de Deus.

Qual foi a atitude exemplificada por Jesus?

...pois ele, subsistindo em forma de Deus, não julgou como usurpação o ser igual a Deus; antes, a si mesmo se esvaziou, assumindo a forma de servo, tornando-se em semelhança de homens; e, reconhecido em figura humana, a si mesmo se humilhou, tornando-se obediente até à morte e morte de cruz. Pelo que também Deus o exaltou sobremaneira e lhe deu o nome que está acima de todo nome, para que ao nome de Jesus se dobre todo joelho, nos céus, na terra e debaixo da terra, e toda língua confesse que Jesus Cristo é Senhor, para glória de Deus Pai. (FILIPENSES 2:6-11)

Pode ser que ministrar no mundo turbulento da Filipos romana possa ter feito com que Evódia e Síntique perdessem de vista o padrão estabelecido por Jesus. Não podemos ter certeza do que surgiu entre essas duas mulheres, mas sabemos que Paulo rogou-lhes que pensassem "o mesmo no Senhor". Ele também lembrou a todos na igreja em Filipos de seguir o exemplo de Jesus que "a si mesmo se esvaziou, assumindo a forma de servo".

A palavra grega traduzida como "servo", tanto aqui quanto na afirmação de Jesus de que "quem quiser ser o primeiro entre vós será vosso servo" (MATEUS 20:27), é *doulos*, normalmente traduzido por "servo". O significado fica entre "escravo" e "servo". Nossa noção de escravo é de alguém em sujeição, colocado por alguém nessa posição contra a sua vontade. Um *doulos* não é escravizado por outra pessoa, mas optou voluntariamente por essa posição inferior na escala social. Jesus não apenas se colocou em uma posição de servidão, mas nos chama a fazer o mesmo. O caminho para ser "a primeira" é se tornando "a última", uma escrava. Assim é a liderança no reino invertido de Deus.

Evódia e Síntique

COMO ISSO SE RELACIONA COM AS MULHERES NA LIDERANÇA?

Alguns concluíram que o problema era que Evódia e Síntique não conseguiam se dar bem uma com a outra na liderança, e que isso prova que as mulheres não são capazes de liderar, portanto, elas não devem tentar fazê-lo. Todavia, outros o veem à luz de 1 Timóteo 2:12 (algo que discutiremos no capítulo 12). Em cada caso, por trás da maioria das proibições de mulheres na liderança da igreja está a conclusão de que a liderança é sempre uma posição de autoridade (apesar da asserção de Jesus de que é serviço). Algumas traduções conhecidas e influentes da Bíblia em inglês inseriram o conceito de "ofício" no entendimento do termo. Por exemplo, a tradução King James [em inglês] de Romanos 11:13 traz "glorifico o meu ofício". A palavra traduzida como "ministério" é *diakonos*, que significa "serviço" ou "ministério". Novamente, em Romanos 12:4, a citada versão bíblica inclui "nem todos os membros têm o mesmo ofício". Insisto que a palavra ofício não é encontrada em lugar algum desse texto. A palavra original é *praxis*, que significa "função". Walter Liefeld, erudito em Novo Testamento, nos lembra de que mudar o sentido do texto bíblico para incluir a ideia de um ofício implica uma posição com algum tipo de autoridade. Porém, esse termo não existe na literatura cristã antes da época de Cipriano (200–258 d.C.). Liefeld conclui que, ao passo que Jesus via o ministério como serviço, alguns o veem como "uma base de poder que confere autoridade sobre a igreja". Ele questiona se "uma das maiores razões por que muitos cristãos se sentem desconfortáveis sobre permitir que as mulheres exerçam o ministério é por eles pensarem que isso daria a elas poder ou autoridade que, pensam, a Bíblia lhes nega".[2]

Uma vez que adotemos a noção de liderança como uma posição de autoridade, teremos abandonado a clara declaração de Jesus de que no reino de Deus lideramos enquanto servimos a partir da base da pirâmide. Isso está apenas a um passo de aplicar

A MULHER ORIENTADA PELO *Espírito de Deus*

1 Timóteo 2:12 às mulheres, e assim expeli-las dessa noção secular de autoridade. O texto afirma: "E não permito que a mulher ensine, nem exerça autoridade de homem". Esse é um texto importante e será discutido em detalhe no capítulo 12 deste livro.

Mas nossa questão aqui é se a liderança bíblica é ou não uma "posição com autoridade". E quando ouvimos Jesus em Mateus 20:25, ele claramente se refere à servidão e não à liderança dos "governadores dos povos os dominam e que os maiorais exercem autoridade sobre eles". O questionamento bíblico não é quem possui autoridade sobre quem, mas como todos nós — homens e mulheres — devemos servir juntos para a glória de Deus.

É significativo que todas as vezes que o apóstolo Paulo fala sobre os vários ministérios, sempre é no contexto dos dons individuais. Eis um exemplo:

> *...tendo, porém, diferentes dons segundo a graça que nos foi dada: se profecia, seja segundo a proporção da fé; se ministério, dediquemo-nos ao ministério; ou o que ensina esmere-se no fazê-lo; ou o que exorta faça-o com dedicação; o que contribui, com liberalidade; o que preside, com diligência; quem exerce misericórdia, com alegria.*
> (ROMANOS 12:6-8)

Quando Paulo registrou essas palavras, ele não disse que alguns dos dons aplicavam-se a homens e outros a mulheres. O ensinamento era para todos os seguidores de Jesus Cristo. Mulheres e homens receberam um espectro completo de dons para serem usados no serviço ministerial. Tanto nós mulheres quanto homens lideramos quando usamos os dons divinos no serviço a outros. Nosso servir está ligado aos dons que Deus nos concedeu. No final das contas é de Deus a escolha sobre quais dons nos serão concedidos. Assim, agradecemos, aprimoramos esses dons e os usamos como servas do Senhor que somos.

Evódia e Síntique

LIDERAMOS SOB A AUTORIDADE DE JESUS

Para algumas mulheres cristãs a questão da liderança ministerial feminina não é premente. Alegram-se em usar os dons espirituais como misericórdia, hospitalidade, serviço ou exortação. No entanto, para outras, particularmente aquelas com dons de liderança ou ensino, essa é certamente uma questão deveras angustiante. Mas, para todas nós, independentemente dos dons que nos foram concedidos, o importante é o exemplo de nosso Salvador que abriu mão de Seus privilégios divinos, tomou a posição de servo, humilhou-se em obediência a Deus e morreu como criminoso em uma cruz. Esse é nosso padrão. Não tem nada a ver com posições de autoridade.

Por Jesus ter se humilhado, o apóstolo Paulo nos lembra de que: "Pelo que também Deus o exaltou sobremaneira e lhe deu o nome que está acima de todo nome, para que ao nome de Jesus se dobre todo joelho, nos céus, na terra e debaixo da terra, e toda língua confesse que Jesus Cristo é Senhor, para glória de Deus Pai" (FILIPENSES 2:9-11). Aquele que morreu como criminoso é agora o Rei dos reis e Senhor dos senhores. Sob esse prisma, as palavras finais de Jesus a Seus seguidores antes de Sua ascensão ao Céu foram: "Toda a autoridade me foi dada no céu e na terra. Ide, portanto, fazei discípulos de todas as nações [...] E eis que estou convosco todos os dias até à consumação do século" (MATEUS 28:18-20).

O nosso encorajamento é este: Jesus tem toda a autoridade. Vivemos e trabalhamos sob Sua autoridade. Assim podemos usar nossos dons confiantemente onde quer que estejamos, sabendo que nunca estamos sozinhas. Jesus está sempre conosco. Aquele que tem autoridade está em nossa equipe, ao nosso lado, trabalhando através de nós. Podemos deixar essa verdade se enraizar e nos firmar à medida que prosseguimos, todos os dias, a servir no poder de nosso Senhor Jesus Cristo.

A MULHER ORIENTADA PELO *Espírito de Deus*

Questões para reflexão pessoal ou grupo de estudo

1. Enquanto crescia, quais mensagens você recebeu de outros ou de sua cultura sobre o que poderia ou não fazer por ser mulher? Por exemplo, algumas atividades, esportes ou profissões estavam fora de questão? Como você reagiu a essas mensagens, ou qual impacto elas tiveram sobre você?

2. A definição e entendimento do que é um líder pode mudar bastante entre um contexto e outro (como empresarial, militar, mundo natural, corrida de cavalos etc.). Qual o principal contexto que moldou o seu entendimento sobre o que significa ser líder? Quais similaridades e diferenças estão entre as expectativas que o contexto coloca sobre os líderes e as expectativas que Jesus pôs sobre eles?

3. Quais são seus dons espirituais? Se liderança no reino invertido de Deus é ver-nos como servas (em vez de alguém "com autoridade"), como você descreveria o que significa ser líder usando seus dons?

Reflexão pessoal

Áfia e Filemom

O Espírito de Deus nos orienta em uma aliança abençoada

VOCÊ JÁ OBSERVOU as escolhas das crianças quando estão em um playground? Algumas vão para os balanços ou os escorregadores, equipamentos que elas podem aproveitar sozinhas. Outras querem se divertir em uma gangorra. Mas o que é necessário para usufruir de uma gangorra? Será divertido somente se outra pessoa estiver sentada do lado oposto da prancha, e será melhor ainda se tiver altura e peso similares. Uma coisa é garantida: não é possível brincar na gangorra sozinho. Assim como são necessárias duas pessoas para dançar tango, também na gangorra são necessárias duas pessoas.

O mesmo princípio é válido para o casamento e para outros relacionamentos também. Os analistas empresariais descobriram que, pelo fato de homens e mulheres pensarem de maneira diferente sobre alguns pontos importantes, as diretorias industriais precisam ter representantes de ambos os sexos interagindo a fim de encontrar as melhores soluções para qualquer problema em discussão. Apenas um deles, sem o outro, não captará todo o cenário e também os detalhes essenciais que compõem esse contexto.

Áfia e Filemom

Ao longo deste livro, a maioria das mulheres que observamos foram destacadas por Lucas ou Paulo sem que houvesse qualquer referência a um cônjuge, embora tenhamos visto dois casais que trabalhavam juntos: Priscila e Áquila, e Andrônico e Júnia. Quando nos voltamos para a pequena carta de Paulo a Filemom, conhecemos outro casal nos versículos de abertura: Filemom e Áfia, que juntos abrigavam a igreja que se reunia em sua casa. A maioria dos estudiosos acredita que Filemom e Áfia fossem marido e mulher. Eles trabalhavam juntos como líderes da igreja em sua casa, mas o texto não detalha esse fato.

Há algum benefício em ter homens e mulheres trabalhando juntos, liderando a igreja? O apoio para essa ideia nos vem de cantos variados. Naturalmente, começamos em Gênesis 1:26-28 no qual Deus atribuiu duas tarefas tanto ao homem quanto à mulher criados à imagem divina: povoar a terra e servir como mordomos de seus recursos. Acrescente-se a isso algumas fascinantes novas pesquisas sobre os cérebros masculino e feminino que ressaltam a interdependência de homens e mulheres e por que precisamos uns dos outros. Filemom precisava de Áfia, não apenas para ajudar com as tarefas tradicionalmente realizadas por mulheres, como a hospitalidade, mas também para trazer percepções mais amplas ao trabalho de ambos para o reino, função para a qual ela era especialmente equipada fisiologicamente para fornecer.

O PLANO DE DEUS REVELADO NA CRIAÇÃO

Uma pergunta importante com a qual os cristãos têm lutado ao longo dos séculos tem a ver com a maneira como homens e mulheres devem se relacionar entre si na igreja e em casa. E ainda assim descobrimos que, antes que fizéssemos a pergunta, Deus já havia entrelaçado uma resposta no tecido da criação:

Também disse Deus: Façamos o homem à nossa imagem, conforme a nossa semelhança; tenha ele domínio sobre os peixes do mar, sobre as aves dos céus, sobre os animais domésticos, sobre toda a terra e sobre todos os répteis que rastejam pela terra. Criou Deus, pois, o homem à sua imagem, à imagem de Deus o criou; homem e mulher os criou. E Deus os abençoou e lhes disse: Sede fecundos, multiplicai-vos, enchei a terra e sujeitai-a; dominai sobre os peixes do mar, sobre as aves dos céus e sobre todo animal que rasteja pela terra. (GÊNESIS 1:26-28)

Deus criou a humanidade em dois modelos: macho e fêmea, homem e mulher. Ambos foram criados à imagem divina e ambos receberam a mesma ordem: encher a Terra e governá-la. Deus não disse à mulher para encher a Terra e depois disse ao homem para governá-la. Ele deu ambas as ordens para homem e mulher.

É fácil perceber o quanto o homem era essencial à parte de "encher a Terra": uma mulher não poderia conceber sem ele. No entanto, muitos de nós fomos ensinadas que a parte do governo era apenas para ser efetuada pelo homem. Essa perspectiva vem de Gênesis 2, onde encontramos Deus criando a mulher e lhe dando um mandamento particular: "Disse mais o SENHOR Deus: Não é bom que o homem esteja só; far-lhe-ei uma auxiliadora que lhe seja idônea". Assim, Deus concedeu ao homem uma auxiliadora. Baseados nesse versículo, muitos cristãos têm ensinado, desde então, que ao homem cabe a maior parte do governar, mas, em qualquer dificuldade em que ele necessitasse de ajuda, a mulher estaria ali para estender-lhe a mão.

Perceba a tradução bíblica do texto: "far-lhe-ei uma auxiliadora que lhe seja idônea". Como já vimos em capítulos anteriores, algumas vezes a escolha de uma palavra em uma tradução pode nos induzir ao erro. E nesse caso a palavra "auxiliadora" é exatamente o caso. Em nosso pensamento do século 21, um auxiliador é um subordinado, como um aprendiz que entrega ao encanador o alicate correto. No entanto, quando olhamos para a palavra hebraica traduzida como "auxiliadora", precisamos retroceder e reconsiderar esse conceito.

A palavra portuguesa "auxiliadora" é a tradução do termo hebraico *ezer*. Essa é uma palavra bastante comum no Antigo Testamento, aparecendo 21 vezes. Em duas delas se refere à mulher, Eva (GÊNESIS 2:18; 2:20). Três vezes a palavra *ezer* se refere a fortes nações, ou exércitos, a quem o povo de Deus apelava por ajuda quando ameaçados de extinção pela Assíria ou Babilônia:

- O profeta Isaías lembrou Judá que confiar no Egito para ajudá-los contra o inimigo era uma má ideia: "Mas o refúgio de Faraó se vos tornará em vergonha, e o abrigo na sombra do Egito, em confusão. [...] Todos se envergonharão de um povo que de nada lhes valerá, não servirá nem de ajuda [*ezer*] nem de proveito, porém de vergonha e de opróbrio" (ISAÍAS 30:3,5). O Egito não era a ajuda que o povo de Deus precisava.
- O profeta Daniel lembrou aos judeus que no tempo de tribulação que viria, eles confiariam erradamente na ajuda que não poderia os livrar. "Ao caírem eles, serão ajudados com pequeno socorro [*ezer*]" (DANIEL 11:34).
- O profeta Ezequiel detalhou o que aconteceria ao líder de Israel, "o príncipe em Jerusalém", quando a casa de Israel em breve fosse enviada para o exílio babilônio: "E todos os que estiverem ao redor dele para seu socorro [*ezer*], e todas as suas tropas espalharei a todos os ventos; e desembainharei a espada atrás deles" (EZEQUIEL 12:14 ARC). Deus asseguraria que os que os socorreriam não pudessem ajudar essa "casa rebelde".

Assim, vemos que, de todas as 21 vezes que *ezer* é usado no Antigo Testamento, duas vezes se referem a Eva e três a grandes poderes em que o povo de Deus, erroneamente, confiava para os salvar quando o desastre era iminente. E quanto às outras 16 outras vezes que essa palavra é usada na Bíblia?

Em todas as demais 16 vezes, *ezer* refere-se a Deus, que é nosso "auxílio".[1] E nenhuma delas sugere que, por Deus ser nosso auxílio, Ele seja, de qualquer forma, nosso subordinado. Deus não se sujeita a Suas criaturas. Quando Ele criou a mulher como a *ezer* do homem, Ele criou alguém que poderia trazer ajuda ao homem, que em si mesmo era incompleto. Eruditos como Philip Payne nos dizem que "*auxiliadora* expressa que a mulher é o auxílio/força que resgata ou salva o homem".[2]

Esse era o plano de Deus no começo: juntos, homem e mulher, encheriam a Terra e juntos a governariam. Ambos foram criados à imagem de Deus e foram encarregados de representar os propósitos divinos para Sua nova criação, a Terra. Eles foram criados semelhantes o bastante para poderem trabalhar juntos e diferentes o suficiente para que precisassem das forças individuais de cada um.

QUAL A DIFERENÇA QUE FAZ A FISIOLOGIA DO CÉREBRO?

Até poucas décadas atrás, as informações sobre o cérebro humano eram limitadas visto que os pesquisadores tinham que se apoiar primariamente nos cérebros de cadáveres para aprender sobre sua estrutura e funcionamento. Os cientistas haviam mapeado as partes do cérebro fisicamente, mas podiam apenas especular sobre como ele realmente funcionava. Para isso, os cientistas precisavam de equipamentos que lhes permitissem observar cérebros vivos em funcionamento.

Tudo isso mudou com a invenção de novas tecnologias de exames como a fMRI, a DTI e PET.[3] Se você pesquisar no *Google* sobre estudos cerebrais dos maiores centros de pesquisa (como MIT, Harvard, universidades públicas etc.), logo descobrirá pesquisas demonstrando que os cérebros masculino e feminino diferem de formas surpreendentes. Embora as diferenças sejam complexas, eles basicamente se resumem às grandes diferenças entre os hemisférios esquerdo e direito do cérebro e à consequente diferença nas formas que os cérebros masculino e feminino usam esses hemisférios.

O conhecido psiquiatra e neurologista britânico, Iain McGilchrist, diz-nos que, embora a olho nu os hemisférios sejam semelhantes, eles são surpreendentemente diferentes — física e funcionalmente.

- **Fisicamente.** O hemisfério direito é mais alongado, mais largo e mais pesado do que o hemisfério esquerdo. Possui mais neurônios e mais processos conectivos, permitindo-lhe fazer mais ligações, com mais agilidade, entre pequenas porções de dados ou informações. Se você olhar as imagens das ligações entre os dois hemisférios, descobrirá que no hemisfério esquerdo a ligação é primariamente dentro do hemisfério, da frente para trás, enquanto que o hemisfério direito possui ligações mais fortes entre os dois hemisférios. Contudo, as diferenças físicas entre os hemisférios não são tão significativas quanto as diferenças funcionais.
- **Funcionalmente.** O hemisfério esquerdo é o lado do cérebro ligado ao detalhe. É caracterizado por uma atenção estreitamente focada. Ele dá prioridade à comunicação local. Em contraste, o hemisfério direito traz o contexto mais amplo, a imagem geral, ou qualquer coisa que seja necessária para a flexibilidade do pensamento. Voltamo-nos ao hemisfério esquerdo quando precisamos de fórmulas para realizar coisas. Ao mesmo tempo, o cérebro esquerdo acha distrativa a imagem geral do hemisfério direito. Enquanto o hemisfério esquerdo toma a solução única que parece se encaixar melhor com o que já conhece, o hemisfério direito está sempre alerta para discrepâncias e em busca de soluções alternativas. De certa forma, os dois hemisférios estão em contradição um com o outro.

O hemisfério direito integra grupos maiores de dados e está constantemente buscando padrões nas coisas dentro de seu contexto. Em contraste, o hemisfério esquerdo separa as coisas de seu contexto. Em geral, a tendência do hemisfério esquerdo é classificar as coisas em grupos, ao passo que a do hemisfério direito é identificar as coisas individualmente. O hemisfério esquerdo tem afinidade com o que é mecânico e sua preocupação central é a utilidade. Por outro lado, o hemisfério direito tem afinidade com o que é orgânico (no sentido da matéria viva) e seu foco principal é social (pelo que nos tange como seres humanos). Por estar aberto à interligação das coisas, ele tem importante papel em nossa habilidade de nos colocar no contexto de outra pessoa e sentir empatia com ela. Você pode ver como a empatia poderia se interpor no caminho do funcionamento do hemisfério esquerdo? Para otimizar sua operação, o hemisfério esquerdo pode avaliar o contexto, sem trazê-lo para perto como faz o hemisfério direito.

McGilchrist toma o cuidado de não extrair conclusões sobre as implicações que sua pesquisa pode sugerir sobre a diferença entre o cérebro dos homens e das mulheres. No entanto, outros cientistas se propuseram a fazê-lo. Quando os pesquisadores da Escola de Medicina Perelman (Universidade da Pensilvânia) examinaram os cérebros de mais de 400 homens e mais de 500 mulheres, eles descobriram diferenças consideráveis entre eles. Revelou-se que nos cérebros masculinos a conectividade neural se move da frente para trás em cada hemisfério; nos cérebros femininos há mais conectividade neural entre os dois hemisférios, o que significa que a ampla massa de fibras nervosas chamadas *corpus callosum*, que liga os dois hemisférios, é mais larga nos cérebros femininos.

Também se descobriu que a parte de trás do cérebro é onde percebemos as coisas, e a frontal é onde extraímos o sentido do que percebemos, o que nos auxilia a determinar como agir de acordo. Desta forma, para qualquer tarefa (quer seja aprender a esquiar ou como consertar um eletrodoméstico defeituoso), se tivermos uma conectividade forte entre a parte frontal e a de trás, estaremos mais capacitados a atingir nosso objetivo. Ao mesmo tempo, se tivermos mais conexões entre os dois hemisférios, traremos uma imagem mais abrangente a uma tarefa detalhada de maneira que pode nos fornecer mais opções para solução. Os pesquisadores nos dizem que, por terem mais ligações entre os hemisférios, as mulheres tendem a ser mais aptas à comunicação, análise e a trazer mais intuição às suas tarefas. Resumindo, seus cérebros são fisiologicamente predispostos a resolver problemas em grupo. Como resultado disso, as mulheres podem se manter realizando várias tarefas simultaneamente, de um jeito que os homens considerariam ser mais desafiador. Os homens tendem a ser melhores em apreender e em completar apenas uma tarefa por vez.

A maneira como homens e mulheres usam a linguagem também é influenciada por sua fisiologia cerebral diferenciada. Enquanto os homens usam primariamente o hemisfério esquerdo do cérebro para o uso da linguagem, as mulheres (que possuem mais ligações neurais entre os hemisférios) usam ambos os hemisférios para o mesmo propósito. No geral, percebe-se que as mulheres pensam mais inclusivamente ou bilateralmente do que os homens. Se você pensar novamente na diferença entre os dois hemisférios cerebrais, poderá ver que o cérebro masculino é fisiologicamente construído para pensar mais linearmente, e o feminino para pensar mais bilateralmente ou contextualmente.

Embora todas essas diferenças nos cérebros masculino e feminino sejam fisiológicas, pendemos a atribuir mais valor ou peso a algumas formas de pensar do que a outras — especificamente, ao funcionamento do cérebro masculino. Por exemplo, para pensadores lineares, o pensamento contextual nem sempre se parece com o que eles consideram pensamento. Na realidade, essa é uma forma complexa de pensamento, mas frequentemente é descreditada por aqueles que não pensam da mesma forma. Não é raro ver porque essa valorização de alguns tipos de pensamento, em detrimento de outros, pode criar problemas para as mulheres.

A MULHER ORIENTADA PELO *Espírito de Deus*

O QUE ISSO TEM A VER COM HOMENS E MULHERES TRABALHANDO JUNTOS NO MINISTÉRIO?

Voltemos a McGilchrist por um momento. Como um filósofo e neurologista, ele observou várias eras históricas e descobriu que do Iluminismo (1685-1815) para frente, os intelectuais da época concluíram que somente aquilo que agora conhecemos como atividade do cérebro esquerdo era realmente "pensamento". O que agora se refere como atividade do cérebro direito (como o uso da intuição) não era considerado "pensamento" de forma alguma. Contudo, se somente a atividade do cérebro esquerdo for, na realidade, "pensamento", haverá consequências. McGilchrist escreve:

> Poderíamos esperar que representaria uma perda da imagem mais geral, e a substituição por uma visão de mundo com foco mais estreito, restrito, porém detalhado, talvez tornando difícil manter um panorama coerente [...]. Poder-se-ia esperar que o hemisfério esquerdo se mantivesse fazendo experimentos refinados sobre os detalhes, no que ele é extremamente eficiente, mas que fosse correspondentemente cego ao que não é claro ou certeiro, ou que não pode ser trazido para o foco no centro do campo visual. De fato, seria esperado um tipo de atitude desdenhosa a qualquer coisa que estivesse fora de seu foco limitado, porque a percepção que o hemisfério direito tem da imagem geral simplesmente não estaria disponível para isso.[4]

Pense sobre isso por um momento. É necessário insumo tanto do hemisfério esquerdo quanto do direito para se ter a imagem completa. Não é que as coisas, de alguma forma, seriam mais legais se homens e mulheres conciliassem suas formas de pensar. A falha em fazê-lo estreita o escopo do insumo a ponto de ser perdida a informação essencial à tomada de decisão holística. A percepção de McGchrist também traz alguma clareza ao porquê de alguns pensadores lineares poderem desprezar qualquer um que não lhes forneça um insumo linear.

Talvez uma simples ilustração aqui nos ajudaria. Um casal decide comprar um carro. O lado esquerdo do cérebro do homem e da mulher se preocupariam com os detalhes sobre o carro em si: o tipo do motor, consumo de combustível, tamanho do porta-malas. O lado direito de ambos se concentraria nas questões sobre como o carro seria usado: A tia Margarete conseguiria entrar e sair facilmente do carro quando eu a levar ao mercadinho todas as semanas? Esse carro é grande o suficiente para transportar a tropa Brownie num passeio? No entanto, dadas as diferenças fisiológicas entre seus cérebros, o homem é mais propenso a focar nos detalhes sobre o carro e a mulher a focar na utilização do carro. Para o pensador com o lado esquerdo, a decisão é sobre o carro em si, sem se atentar a outros fatores. Contudo, para o pensador com o lado direito, a decisão tem a ver com as variadas funções que o carro deve ter na família. Não há valor inerente maior em um ou outro modo de pensar; eles são diferentes e ambos trazem informações valiosas à tomada da decisão correta. Em outras palavras, considerar o contexto mais amplo quanto ao uso do carro é tão importante quanto considerar o consumo de combustível.

Os homens precisam das perspectivas das mulheres e estas, por sua vez, precisam das deles. Deus os planejou para trabalharem juntos e para se complementarem um ao outro. Embora Deus veja tanto os detalhes quanto a imagem geral, os homens e as mulheres foram criados com as diferentes peças do quebra-cabeças que devem ser unidas para funcionar bem. Juntos, homens e mulheres formam o que a erudita Carolyn Custis James chamou de "Aliança Abençoada". Ela observa que: "Nossa identidade e florescimento como seres humanos dependem da Aliança Abençoada. Deus nos criou para precisarmos uns dos outros. Os relacionamentos macho/fêmea são destinados a nos capacitar a nos tornar pessoas melhores".⁵ Uma aliança torna homens e mulheres aliados, não adversários. E, de maneira misteriosa, (uma atividade do lado direito do cérebro?), enquanto trabalhamos, lideramos e ministramos juntos, damos ao mundo uma visão mais clara e completa do Deus cuja imagem portamos.

Somos chamadas a sermos portadoras da imagem

Somos criados à imagem de Deus. Essa é a verdade bíblica fundamental sobre quem somos como seres humanos:

> *Criou Deus, pois, o homem à sua imagem, à imagem de Deus o criou; homem e mulher os criou.* (GÊNESIS 1:27)

Essa é uma verdade que algumas vezes se perde nos desacordos sobre o que os homens e mulheres foram criados para fazer ou são permitidos fazer na igreja e no ministério. Todavia, é na prática dessa verdade fundamental — de que somos portadores da imagem de Deus — que encontramos nosso propósito compartilhado e nossa vocação. Paulo o coloca assim em sua carta aos efésios:

> *Sede, pois, imitadores de Deus, como filhos amados; e andai em amor, como também Cristo nos amou e se entregou a si mesmo por nós, como oferta e sacrifício a Deus, em aroma suave.* (EFÉSIOS 5:1,2)

Em outra epístola, o apóstolo explicou como portamos a imagem de Deus nestas palavras:

> *...completai a minha alegria, de modo que penseis a mesma coisa, tenhais o mesmo amor, sejais unidos de alma, tendo o mesmo sentimento. Nada façais por partidarismo ou vanglória, mas por humildade, considerando cada um os outros superiores a si mesmo. Não tenha cada um em vista*

o que é propriamente seu, senão também cada qual o que é dos outros. Tende em vós o mesmo sentimento que houve também em Cristo Jesus, pois ele, subsistindo em forma de Deus, não julgou como usurpação o ser igual a Deus; antes, a si mesmo se esvaziou, assumindo a forma de servo, tornando-se em semelhança de homens; e, reconhecido em figura humana, a si mesmo se humilhou, tornando-se obediente até à morte e morte de cruz. (FILIPENSES 2:2-8)

Portamos a imagem de Deus em nosso mundo quando seguimos o exemplo do Deus Filho, Jesus Cristo.

Quando Deus nos chama para trabalharmos juntos por Cristo e Seu reino, esse chamado reflete a maneira em que as pessoas de nosso Triúno Deus — a Trindade — trabalham em conjunto. Temos um vislumbre dessas três pessoas agindo desde o início da criação: *Deus* criou os céus e a Terra (GÊNESIS 1:1), assim como o *Verbo* trouxe tudo à existência por meio da palavra (JOÃO 1:1-4) e o *Espírito* pairava sobre a superfície das águas (GÊNESIS 1:2). O Deus invisível se tornou visível em Jesus e a promessa de Cristo de estar conosco até a consumação dos séculos (MATEUS 28:20) é cumprida em nossa vida enquanto o Espírito Santo nos guia à verdade (JOÃO 16:13). Foi assim que Deus criou o fundamento de nossa identidade e vocação como os portadores de Sua imagem. Nossa parte é viver essa identidade e vocação — na vida e ministério — reconhecendo a nossa necessidade uns dos outros e trabalhando juntos com a mesma mente e propósito.

FILEMOM E ÁFIA DÃO EXEMPLO DA INTENÇÃO DIVINA POR UM MINISTÉRIO COMPARTILHADO

Assim como são necessários dois para brincar de gangorra, é preciso homens e mulheres trabalhando juntos para descobrir a plenitude de alegria em serem, juntos, portadores da imagem do Deus Triúno — é isso que significa funcionar como a Aliança

Abençoada. Se insistirmos em dispender nosso tempo em um balanço ou em um escorregador sozinhas, perderemos a bênção que vem de um intercâmbio mútuo e equilibrado. No ministério, isso significa que perderemos o prazer de um impacto potencial maior advindo do reunir nossos recursos, como diria o apóstolo Paulo, de "pensar a mesma coisa no Senhor". Fomos criados para trabalhar juntos. As mulheres, como "auxiliadoras" não são meras espectadoras de beira de gramado, chamadas ocasionalmente para prover uma assistência secundária para um homem. As mulheres são o *ezer* dos homens, seu auxílio, trazendo ao seu mandamento compartilhado o que o homem necessita, mas não pode fazer por si mesmo. Agindo juntos como a imagem de Deus, homens e mulheres trazem tanto a análise detalhada e uma consciência do contexto mais amplo às suas tarefas. Deus nos criou de maneira a agruparmos essa particularidade de nossos dons a fim de abençoar outros por meio do ministério que foi dado a cada um.

Isso não quer dizer que não possuamos tarefas individuais ou que não possamos fazer qualquer movimento sem consultar o outro. Não é esse o caso. Tem a ver com os homens reconhecendo o valor que as mulheres podem trazer especialmente, assim como as mulheres reconhecendo o valor que os homens também trazem de forma especial. Aqui não estamos falando sobre mulheres assumindo tarefas secundárias para apoiar o trabalho dos homens, ou fazendo tarefas tradicionalmente consideradas "trabalho de mulheres". Em vez disso, está ligado às responsabilidades compartilhadas para administrar a Terra de Deus, combinando habilidades únicas para obter os melhores resultados. Também tem a ver com o respeito e apreciação mútuos. Esses são os requisitos para qualquer relacionamento de trabalho. Sem eles, os dons singulares que Deus colocou nos cérebros de homens e mulheres não se unirão de maneiras frutíferas no ministério. Com respeito e apreciação, a Aliança Abençoada pode florescer, e o povo de Deus se beneficiará desse casamento das mentes no ministério.

Áfia e Filemom

A Aliança Abençoada existe onde quer que homens e mulheres conjuguem forças por Cristo e Seu reino. Quando Lídia se uniu a Paulo para implantar igrejas em Filipos, essa foi uma Aliança Abençoada. Quando Maria Madalena, Joana, Susana e muitas outras mulheres se uniram ao grupo de Jesus, essa foi uma Aliança Abençoada. Também foi uma Aliança Abençoada quando Andrônico e Júnias se uniram a Pedro na plantação de igrejas em Roma. Atualmente, quando homens e mulheres reconhecem a importância de conjugar seus dons e perspectivas para que tenham um ministério mais efetivo, essa também é uma Aliança Abençoada. Quando reconhecemos o que cada um traz para a mesa *e* o que cada um tem em falta que pode ser trazido pelo outro, começamos uma Aliança Abençoada. Essa foi a ideia de Deus no começo, e ainda é Seu objetivo para aqueles de nós que se esforçam para portar Sua imagem hoje.

Questões para reflexão pessoal ou grupo de estudo

1. A mesma palavra hebraica que descreve Eva como "auxiliadora" (*ezer*) também se refere a Deus, que é nosso "auxílio". Como essa compreensão do que significa Eva ser "auxiliadora" (*ezer*) influencia sua compreensão do papel dela e de qualquer implicação que isso pode ter para homens e mulheres na igreja da contemporaneidade?

2. No geral, as descobertas sobre as diferentes fisiologias dos cérebros de homens e mulheres oferecem suporte ou desafiam suas perspectivas sobre as diferenças gerais entre o pensamento masculino e feminino? Que recentes experiências você teve ao "pensar diferentemente" de um homem (colega de trabalho, amigo, familiar etc.)? De que forma cada um de vocês

exemplificou ou falhou em exemplificar as características da fisiologia dos cérebros masculino/feminino?

3. Em uma Aliança Abençoada, homens e mulheres assumem responsabilidades compartilhadas pela administração da Terra de Deus e em combinar suas habilidades particulares para que se obtenha os melhores resultados. Que experiências você já teve, ou testemunhou em outros, que você caracterizaria como uma Aliança Abençoada? Como descreveria as contribuições singulares de homens e mulheres nessa situação, bem como da frutificação da colaboração?

4. De que formas você gostaria de experimentar uma Aliança Abençoada em sua vida ou ministério? Compartilhe as razões para sua resposta.

Reflexão pessoal

ALGUMAS VEZES DEUS ORIENTA AS MULHERES A ENTRAREM NA LIDERANÇA MINISTERIAL

N OS CAPÍTULOS ANTERIORES, exploramos o trabalho ministerial de mulheres em várias igrejas neotestamentárias que, muitas vezes, aparentam legitimar o papel das mulheres como líderes na igreja. E, ainda assim, nas mesmas epístolas do Novo Testamento que descrevem e afirmam essas mulheres, encontramos declarações que também parecem contradizer a legitimidade de sua liderança. De fato, em duas de suas cartas, o apóstolo Paulo faz comentários que parecem proibi-lo. Não poderíamos encerrar este livro sem observar seriamente esses comentários que têm, por aproximadamente 2.000 anos, tornado difícil às mulheres trazerem seus dons para liderar ou ensinar em suas igrejas. Entretanto, antes que mergulhemos diretamente nessas duas declarações, é importante que façamos a revisão das "regras da estrada" para a leitura e compreensão da Bíblia.

Dois princípios para a interpretação dos textos bíblicos

Sempre que nos aproximamos da Palavra de Deus, devemos trazer à nossa leitura dois princípios orientadores para nossa interpretação do texto bíblico.

Princípio 1: *Devemos usar o contexto do texto para interpretar o texto.* Alguns eruditos bíblicos gostam de definir esse princípio suscintamente: "O contexto manda". O contexto dita a forma de como interpretaremos qualquer versículo na Bíblia. Os estudiosos também nos relembram que "texto sem contexto gera pretexto" para o que quer que a pessoa deseja afirmar. Assim sendo, o contexto de qualquer versículo na Bíblia é crucial para a compreensão de seu significado.

Cada versículo da Bíblia possui inúmeros contextos. Esses incluem: o contexto imediato do próprio versículo bíblico, o contexto histórico e cultural mais amplo e também o contexto linguístico. O contexto imediato inclui os versículos e capítulos que cercam o versículo o qual estamos interpretando. Para compreender esse contexto, precisamos identificar não somente o tema do livro ou capítulo, mas também a ênfase que o autor está dando naquele contexto. Assim, examinamos os versículos ou capítulos imediatamente antes e depois do versículo sob escrutínio.

Os contextos históricos e culturais levam em consideração o tempo e o lugar no qual a passagem foi escrita. Ao considerar os textos do Novo Testamento, os cristãos, muitas vezes inconscientemente, assumem que as pessoas do mundo romano do primeiro século pensavam ou se expressavam da mesma maneira que nós pensamos ou nos expressamos atualmente. Esse equívoco pode nos induzir gravemente ao erro em nossa interpretação de um texto. O mundo do primeiro século do Império Romano não era somente uma cultura complexa e diversa, mas também radicalmente diferente de nosso mundo atual. Não podemos impor a cultura ocidental do século 21 sobre os textos de 2.000 anos atrás no Império Romano e esperar entendê-los com precisão. Para compreender o que os autores dos textos bíblicos estão tentando dizer, teremos que interpretar o que escreveram à luz do que conhecemos sobre sua própria história e cultura.

O contexto linguístico se concentra em entender o significado das palavras hebraicas (Antigo Testamento) ou gregas (Novo Testamento) no tempo em que foram escritas. As palavras mudam seus significados com o tempo, o que quer dizer, por exemplo, que teremos que ser cuidadosos em não impor o significado que uma palavra grega assume no século 21 a um texto do século primeiro. Devemos trabalhar para descobrir o que as palavras significavam no tempo em que o autor as escreveu, não em como elas seriam usadas séculos, ou milênios, depois.

Princípio 2: *Devemos interpretar textos individuais à luz do testemunho completo da Bíblia inteira.* Às vezes, uma declaração feita em uma situação em particular é divergente com todo o ensinamento das Escrituras. Devemos ser cuidadosas para não declarar um texto como universal e eterno quando, na realidade, está em desacordo com a mensagem geral da Bíblia. Por exemplo, os defensores da escravidão do século 19 se referiam à porção da carta de Paulo a Filemom, na qual ele enviava Onésimo de volta a seu proprietário, como prova de que a escravidão era bíblica. No entanto, eles ignoravam outros textos na Bíblia que proibiam essa prática, como: "Aquele que sequestrar alguém e vendê-lo ou for apanhado com ele em seu poder, terá que ser executado" (ÊXODO 21:16 NVI), ou a nota de Paulo a Timóteo que caracteriza os traficantes de escravos [N.T.: Do grego *andrapodistais*, que na maioria das Bíblias em português se traduz como "raptores de homens" (ARA), "sequestradores" (NVI e NVT), "roubadores de homens" (ARC). No entanto, na Bíblia de Jerusalém a palavra é traduzida como "mercadores de escravos", o que remete melhor ao sentido original do termo.] como estando entre aqueles que são "transgressores e rebeldes, irreverentes e pecadores" (1 TIMÓTEO 1:9,10). Parte da compreensão da epístola de Paulo a Filemom nos traz algum conhecimento sobre a escravidão no primeiro século. Os eruditos nos lembram de que provavelmente um terço da população total era de escravos, mas Paulo não tentou reverter a escravidão como uma prática no Império Romano. Os senhores de escravos do século 19 usavam isso como prova de que Paulo *aprovava* a prática. Em resposta a isso, diríamos: "Não! Isso não é evidência de que Paulo apoiava a escravidão!". No entanto, Paulo não poderia mudar todas as práticas erradas de seu tempo; ele precisava manter o foco, a saber, a salvação de todo o que cresse. Ao mesmo tempo, ele esperaria que o reino invertido de Deus trabalhasse questões como a escravidão e, no fim, acabaria por derrubá-la.

Com esses princípios em mente, voltemos aos dois textos que têm sido usados ao longo dos séculos para defender que somente os homens poderiam ser liderança na igreja.

Texto 1: "E não permito que a mulher ensine, nem exerça autoridade de homem; esteja, porém, em silêncio" (1 TIMÓTEO 2:12).

Sem dúvida, esse versículo parece uma proibição clara para todas as mulheres em todas as eras. Como poderia ser entendido de outra forma? No entanto, apliquemos nossos princípios de interpretação e vejamos o que encontraremos.

Primeiro, consideremos o contexto. Sabemos que Paulo passara três anos (com Priscila e Áquila) abrindo novas igrejas na cidade de Éfeso, Turquia (ATOS 20:18). Aqueles foram anos difíceis, porém, a partir da carta de Paulo aos efésios, podemos concluir que as igrejas decolaram para um bom começo. No entanto, anos mais tarde, em sua jornada por aquela região, Paulo encontrou-se com os anciãos e lhes disse:

> *Atendei por vós e por todo o rebanho [...]. Eu sei que, depois da minha partida, entre vós penetrarão lobos vorazes, que não pouparão o rebanho. E que, dentre vós mesmos, se levantarão homens falando coisas pervertidas para arrastar os discípulos atrás deles. Portanto, vigiai...*
> (ATOS 20:28-31)

Conforme vimos no capítulo 9, apesar da clara exortação, o que Paulo previra, no final aconteceu. A partir do conteúdo dominante da primeira carta de Paulo a Timóteo, fica claro que as igrejas em Éfeso estavam agora dominadas por heresias e apostasias. Para tratar dessa situação precária, Paulo enviou Timóteo à região para limpar a bagunça. *O propósito central dessa epístola de Paulo a Timóteo é aconselhá-lo sobre como tratar com os perpetradores das várias heresias em Éfeso.* Você deve se lembrar de que Timóteo deveria "admoestar a certas pessoas, a fim de que não ensinem outra doutrina, nem se ocupem com fábulas e genealogias sem fim, que, antes, promovem discussões do que o serviço de Deus, na fé" (1 TIMÓTEO 1:3,4). Mais tarde, Paulo adverte Timóteo sobre aqueles que "apostatarão da fé, por obedecerem a espíritos enganadores e a ensinos de demônios" (4:1) e sobre algumas jovens viúvas: "já algumas se desviaram, seguindo a Satanás" (5:15). As palavras finais da epístola voltam ao mesmo problema: "evita os falatórios inúteis e profanos e as contradições do saber, como falsamente lhe chamam, pois alguns, professando-o, se desviaram da fé. A graça seja convosco" (6:20,21). Este é, então, o contexto amplo de 1 Timóteo 2:12, que é a preocupação dominante de Paulo sobre as heresias que agora destruíam as igrejas em Éfeso.

A totalidade do capítulo 2 compõe o contexto imediato da declaração de Paulo, no qual o apóstolo Paulo estabelece quatro coisas que os efésios deveriam fazer:

1. Deveriam orar "por todos os homens" (v.1).
2. Os homens deveriam orar "sem ira e sem animosidade" (v.8).
3. As mulheres deveriam "se ataviar com modéstia e bom senso" e demonstrar sua devoção a Deus por "suas boas obras" (vv.9,10).
4. "A mulher aprenda em silêncio, com toda a sujeição", que é a postura de um discípulo genuíno (v.11).

A tradução dessa última afirmação, no versículo 11, perde a ênfase que Paulo lhe conferiu. No capítulo inteiro, essa é a única vez que Paulo usou a forma imperativa do verbo. Ele queria comunicar o seguinte: A mulher *deve* aprender. Em outras palavras, aprender não é opcional. No versículo 14, Paulo falará sobre Eva sendo enganada porque sua formação a respeito da árvore no meio do jardim não era tão completa como a de Adão. As mulheres em Éfeso, assim como Eva, haviam sido enganadas. Elas necessitavam de ensinamento. Elas *deviam* aprender. Esse é o mandamento que precede imediatamente 1 Timóteo 2:12 — "Não permito, porém, que a mulher ensine, nem use de autoridade sobre o marido, mas que esteja em silêncio". Voltaremos a esse versículo em poucos minutos, mas inicialmente devemos observar o restante do contexto desse capítulo. Sem isso não teremos o contexto completo que precisamos para entender esse versículo.

Os versículos seguintes no capítulo são traduzidos desta maneira:

Porque primeiro foi formado Adão, depois Eva. E Adão não foi enganado, mas a mulher, sendo enganada, caiu em transgressão. Salvar-se-á, porém, dando à luz filhos, se permanecer com modéstia na fé, no amor e na santificação, com bom senso. (1 TIMÓTEO 2:13-15)

Essa tradução apresenta três problemas que precisam ser explorados. Começaremos com o versículo 13: "Porque primeiro foi formado Adão, depois Eva". O verbo grego traduzido como "formado" (no sentido de "criado") é *kitzo*, mas esse não é o verbo que o apóstolo Paulo usou. Ele usou *plasso*, que significa formado, no sentido de formação — especificamente educação formal. Em outras palavras, Deus formou ou ensinou Adão primeiro (GÊNESIS 2:16,17) e depois formou/ensinou Eva. Quando voltamos para Gênesis 2, vemos que Deus deu a Adão instrução sobre a árvore no meio do jardim muito antes de criar Eva. Ela deveria receber de Adão sua "educação" sobre a árvore; nada no texto nos diz que Deus a ensinara separadamente sobre aquela árvore. Desta forma, o primeiro erro aqui é presumir que o versículo está falando sobre a ordem da criação, quando, de fato, está falando sobre a ordem da educação formal. Não surpreende que Paulo tenha sido enfático no versículo 11 de que a mulher *deve* aprender a verdade.

Embora o restante do versículo 13 fale sobre o engano de Eva e o resultante pecado de comer o fruto da árvore proibida, é Adão que Deus responsabiliza pelo pecado no mundo (ROMANOS 5:12-19; 1 CORÍNTIOS 15:21,22). Sua educação formal sobre a árvore viera diretamente de Deus, e o Senhor o responsabilizou mais.

Então, chegamos ao versículo 15 com a declaração de que a mulher "salvar-se-á, porém, dando à luz filhos". Essa tradução ignora o grego em duas formas. Primeiramente, a palavra traduzida como "mulher" deveria ser traduzida como "ela" referindo-se a Eva. Não é que as mulheres serão salvas dando à luz filhos, mas que ela (Eva) será salva por meio do Redentor que lhe foi prometido em Gênesis 3:15. Naquele texto, Deus falou à serpente prometendo que o Redentor ferirá a cabeça da serpente (Satanás), ao passo que Satanás feriria o calcanhar do Redentor (Calvário). Essa promessa é chamada de *Protoevangelium*, a primeira declaração da intenção divina de enviar o Redentor ao mundo.

Depois, os tradutores ignoram o artigo definido que precede o "dando à luz filhos", que formaria "dar à luz o filho", referindo-se ao nascimento do prometido Redentor. Paulo então muda do pronome singular para Eva de volta às mulheres em Éfeso que são exortadas a viver em fé, no amor e na santificação e bom senso. Em outras palavras Eva será salva por causa do Messias que virá de sua linhagem, e todas as mulheres que viverem em fé, amor, santidade e bom senso também serão salvas. Esse é o contexto bíblico mais amplo que circunda 1 Timóteo 2:12.

Agora nos voltaremos a esse versículo em si. Ele começa com "não permito que a mulher ensine, nem exerça autoridade de homem". O primeiro problema com essa tradução é que ela faz a proibição de Paulo soar como uma regra permanente, quando, de fato, a palavra grega traduzida como "não permito" (*epitrepo*) sempre se refere a uma situação ou ocorrência específica, não a um princípio geral. O erudito do Novo Testamento, Philip Payne, observa que Paulo usou uma estrutura gramatical semelhante quatro vezes em 1 Coríntios 7 (vv.7,26,32,40) e novamente em Filipenses 4:2. Em cada caso, expressou o seu desejo natural de Paulo e não um mandamento universal.¹ Aqui, aplicamos o princípio de ouvir o testemunho completo das Escrituras. O uso de *epitrepo* nas outras cartas de Paulo nos dão a dica de como devemos interpretá-lo aqui. Essa não é uma regra para todas as pessoas, em todos os tempos e lugares. É uma proibição para uma ocasião específica, em um tempo específico e em um lugar específico. Assim sendo, tudo o que se segue não é um mandamento universal.

Se tivéssemos que admitir que *epitrepo* indica uma regra permanente para todas as mulheres de todos os lugares, em todos os tempos, também contradiríamos os ensinamentos de Paulo em outras ocasiões. Escrevendo a Tito, Paulo ordenou-lhe que encorajasse as mulheres mais velhas a "ensinar o que é bom" (TITO 2:3). E não teria recomendado Priscila para ensinar Apolo (ATOS 18:26) se 1 Timóteo 2:12 fosse uma regra geral. Desta forma, essa primeira expressão do versículo 12, "não permito", deveria ser aplicada somente ao que estava acontecendo de imediato em Éfeso.

A segunda questão de tradução nesse versículo tem duas partes. A primeira é a tradução do segundo verbo (*authentein*) como "ter autoridade de". Qual é esse problema? Primeiramente, Paulo falou do exercício de autoridade em outros lugares de suas epístolas e sempre usou um verbo diferente (*exousiazo*). Nós o encontramos em 2 Coríntios 13:10 e em outras ocasiões.² Mas, em vez disso, ele aqui escolhe um verbo grego incomum com múltiplos significados na literatura secular. No entanto, ele jamais o usou em outro lugar na Bíblia. Esse é um termo grosseiro que, na melhor das hipóteses, pode significar empurrar alguém para frente, ser contencioso, despótico ou arbitrário; também traz implicações de destruir a virtude ou de matar a verdade. Resumindo, não é uma palavra boa, e não se permite a si mesma a tradução "ter autoridade de". Assim sendo, estamos tratando com uma tradução equivocada do segundo verbo.

A terceira questão de tradução é menos óbvia, mas igualmente importante. No versículo 12, Paulo usou os dois verbos (ensinar/exercer autoridade) em conjunto, unidos pela pequena conjunção "nem". Quando Paulo usou os dois verbos conjuntamente em suas epístolas, essa pequena conjunção (*oude*, em grego) tornou o segundo verbo uma descrição do primeiro verbo: "Não permito que as mulheres ensinem de forma *authentein*". Não estamos lidando com duas questões separadas aqui — o ensino e algo mais. A preocupação de Paulo não é com todo o ensinamento, mas com certa maneira ou forma de ensinar, aquela incisiva, ou com uma abordagem que force alguém para frente ou seja feita com um espírito contencioso.

Resumindo, Paulo envia essa instrução (1 TIMÓTEO 2:12) a Timóteo, não como um mandamento universal e permanente, mas como uma medida peculiar exigida pela situação local. Aqui ele liga os dois verbos de maneira que o segundo (*authentein*), de certa forma, limite a força do primeiro, "ensinar". Em terceiro, ele não usa seu termo grego mais como para "autoridade" (*exousiazo*). Em vez disso, usa uma palavra grega incomum com significados muito diversos, muito distante do sentido de "autoridade de".

À medida que trazemos todas essas informações contextuais e linguísticas para dar suporte a nosso entendimento de 1 Timóteo 2:12, o ponto principal é que a proibição de Paulo se aplica a uma situação específica em Éfeso. Mulheres ignorantes estavam ensinando heresias de forma que precisavam ser detidas

(5:13-15). Em vez disso, essas mulheres precisavam aprender (2:11) para que não fossem enganadas (2:13,14).

Texto 2: "Quero, entretanto, que saibais ser Cristo o cabeça de todo homem, e o homem, o cabeça da mulher, e Deus, o cabeça de Cristo" (1 CORÍNTIOS 11:3).

Para compreender esse versículo, precisamos considerar o contexto linguístico, especificamente o significado da palavra grega *kephale*, que é traduzida como "cabeça". Essa é uma palavra comum no Novo Testamento (aparecendo 72 vezes). Na maioria dos casos refere-se a nossa cabeça física ligada ao nosso corpo, mas em algumas é usada como metáfora para explicar algo diferente. Uma metáfora usa um objeto para comunicar algo diferente. Por exemplo: podemos dizer que João é um pai "coruja". Isso não quer dizer que ele seja literalmente um pássaro noturno. A metáfora quer dizer que João é um pai que demonstra explicitamente afeto e cuidado por seu filho(a). Em nosso texto, *kephale* é usado de duas formas: algumas vezes se refere à cabeça física de uma pessoa, em outras é uma metáfora que quer dizer algo totalmente diferente. A questão é, o quê?

Se presumirmos nossa compreensão contemporânea da palavra "cabeça", poderia parecer que o texto é outro ponto certeiro para algum tipo de hierarquia dos homens sobre as mulheres. Quando dizemos: "Ele é o cabeça da corporação", ou "ela é a cabeça do comitê", queremos dizer que essa pessoa está em posição de autoridade. Todavia, antes que nos firmemos nesse sentido da palavra, temos que fazer um pouco de sondagem nos sentidos atribuídos a *kephale* no primeiro século, quando usado como uma metáfora.

Kephale aparece 12 vezes como metáfora no Novo Testamento, e três dessas ocorrências estão aqui em 1 Coríntios 11:3. Enquanto muitos eruditos bíblicos insistem que a metáfora significa "autoridade sobre", outros dizem que não nos apressemos a tirar conclusões. "Autoridade sobre" como o significado da palavra seria raro na literatura grega em qualquer momento, e não começou a ter esse sentido até o final do segundo século. Outros eruditos creem que o significado de *kephale* esteja mais próximo da palavra "fonte", como em fonte de um rio, ou como provedor de vida e crescimento. Para compreender o que Paulo quis dizer, devemos observar como ele usou a palavra. Esse versículo exibe três pares:

O cabeça de todo homem é Cristo.
O cabeça da mulher é o homem.
O cabeça de Cristo é Deus.

Observe cuidadosamente a ordem dessas afirmações. As argumentações são normalmente construídas em ordem ascendente ou descendente. Se usarmos "autoridade sobre" como o significado de cabeça, o versículo seria:

A autoridade sobre todo homem é Cristo.
A autoridade sobre a mulher é o homem.
A autoridade sobre Cristo é Deus.

Para construir a argumentação de forma ascendente, a segunda afirmação deveria ser a primeira:

A autoridade sobre a mulher é o homem.
A autoridade sobre todo homem é Cristo.
A autoridade sobre Cristo é Deus.

No entanto, não foi assim que Paulo escreveu o versículo. O apóstolo é lógico e isso deveria nos alertar para o fato de que ele podia ter uma ideia diferente quando descreveu essas três relações. Agora substituamos por um significado diferente para cabeça nesse versículo:

O provedor da vida e crescimento de todo homem é Cristo (GÊNESIS 1).
O provedor da vida e crescimento para a mulher é o homem (GÊNESIS 2).
O provedor da vida e crescimento de Cristo é Deus (JOÃO 1:14).

Gilbert Bilezikian, erudito em Novo Testamento, explica como isso funciona:

> Paulo demonstra que todas as relações de derivação encontram sua origem em Deus. Ele é o doador inicial de toda vida. Porém, em *sequência cronológica*, a origem do homem foi Cristo, o *Logos* da criação. Depois, a origem da mulher foi o homem, já que ela foi formada a partir dele. Por último, a origem do Cristo encarnado é Deus, com o nascimento de Jesus, o Filho de Deus.[3]

A questão aqui é que Paulo desenvolveu uma declaração cronológica sobre a origem de nossa vida e crescimento em Cristo. Deus começou essa ordem quando criou a humanidade à Sua imagem (GÊNESIS 1:27). Depois em Gênesis 2:21,22, Deus criou a mulher a partir da costela do homem. Finalmente, Deus Filho nasceu a Maria (MATEUS 1:22). Portanto, 1 Coríntios 11:3 não está relacionado a "autoridade sobre", mas sobre a fonte ou provedor da vida e crescimento de cada pessoa.[4]

Agora você deve estar se perguntando porque nos incomodamos com esses detalhes sobre dois textos bíblicos. A razão, naturalmente, é que este livro é sobre mulheres que, orientadas pelo Espírito Santo, destacaram-se em várias formas de ministério que provavelmente não seriam permitidos em algumas igrejas da contemporaneidade. Mulheres como Priscila, a mestra e colaboradora de Paulo; ou Júnia, a apóstola; ou Febe, a diaconisa que presidia na mesa da comunhão no primeiro século. Por elas serem comprometidas à autoridade da Bíblia como Palavra de Deus, precisamos estar esclarecidas quando esbarramos com algo que parece ser uma contradição entre o texto como de 1 Timóteo 2:12 e o trabalho das mulheres cujas histórias encheram estas páginas.

Entretanto, há uma segunda razão por que é importante explorar esses detalhes textuais. As mulheres a quem Deus dotou como mestras das Escrituras algumas vezes se sentem encurraladas por textos que parecem silenciá-las. Se a Palavra de Deus for entendida adequadamente, essas mulheres podem usar seus dons mais livremente para a glória de Deus. Por causa desses dois textos serem, às vezes, usados para silenciar as mulheres, parecia apropriado explorá-los neste capítulo final.

Se a compreensão do primeiro século de 1 Timóteo 2:12 e 1 Coríntios 11:3 deixou a porta aberta para as mulheres liderarem em igrejas cristãs, quem fechou essa porta? Quando ou como? Neste ponto, podemos nos beneficiar de uma rápida excursão através de algumas questões interessantes na História da Igreja.

O infeliz legado de alguns Pais da Igreja

A prática cristã do primeiro século de ter homens e mulheres liderando juntos era uma ruptura radical com as práticas pagãs e noções filosóficas que dominavam na época. A cultura geral se impôs nas igrejas com forte misoginia. As raízes dessa animosidade com relação à mulher começam muito antes nos ensinamentos de Aristóteles de que a mulher era um "macho falho" e que o trabalho dela na sociedade era ditado por sua "anatomia defeituosa". Esse filósofo grego descrevia a mulher como "sombria, secreta, sempre em movimento, autônoma e com falta de... limites", em contraste com os homens que eram "brilhantes, honestos, bons, estáveis, independentes e firmemente ligados". Por séculos, essas ideias sobre as mulheres dominaram as civilizações greco-romanas.

No entanto, havia outros fatores também. Conforme observado previamente no capítulo 7, as antigas culturas pagãs temiam as mulheres por causa da menstruação. À medida que essas superstições se alastraram, elas afetaram o pensamento da cultura mais geral, incluindo os cristãos. No final do segundo século, Dionísio o Grande, um bispo de Alexandria, foi o primeiro líder cristão que baniu mulheres menstruadas, primeiramente do altar, e depois as proibiu de entrar na igreja. Tornou-se crença prevalente e difundida de que uma mulher menstruada contaminaria a adoração.

Outro fator incluía ideias gnósticas influenciando alguns Pais da Igreja. O gnosticismo via a realidade como separada em duas esferas contraditórias: a esfera da mente/espírito (o que quer que fosse bom ou virtuoso) e a esfera do corpo/carne (o que não fosse bom e tinha que ser superado). Os Pais da Igreja que aceitaram a dicotomia identificaram as mulheres com o corpo e os homens com a mente. Ao longo dos anos, as mulheres começaram a ser responsabilizadas não somente por sua própria sexualidade, mas também pela sexualidade dos homens. Os Pais da Igreja argumentavam que um homem, que ocupava a virtuosa esfera da mente/espírito, era superior, a menos que uma mulher, com sua natureza carnal, o empurrasse para baixo.

Tertuliano (cerca de 155–240 d.C.), um dos importantes Pais da Igreja, foi um dos que escreveu sobre a mulher. Desde tempos antigos, uma virtude clássica associada às mulheres era a castidade, mas, conforme percebido no capítulo 7, Tertuliano expandiu a responsabilidade feminina nessa área. Para evitar conduzir o homem ao pecado, uma mulher devia cobrir seu corpo da cabeça aos pés em vestimentas escuras e sem forma a fim de que nenhuma parte de suas formas femininas pudessem ser vistas. Na mesma era, Clemente de Alexandria (cerca de 150–215 d.C.) insistia que as mulheres que frequentavam a igreja estivessem inteiramente cobertas, incluindo a face com véu.

Na sequência desses desenvolvimentos, veio uma teologia negativa quanto à personalidade feminina, ensinando que, a partir de Eva, as mulheres eram as responsáveis pelo pecado no mundo.[5] Se perguntássemos a justificativa, a resposta seria que, pelo fato de elas poderem usar a promessa de prazer para seduzir os homens, afastando-os das coisas mais elevadas, elas deveriam ser mantidas fora da vista para que não os tentassem. Esse é um dos fatores que levou diretamente ao movimento ascético, no qual muitas mulheres escolheram a vida virginal como freiras para honrar a Deus.

Embora não possamos explorar detalhadamente o movimento descendente da espiral dos ensinamentos que denegriram as mulheres por toda a Era Patrística e a Idade Média, a historiadora Elizabeth Clark com tom jocoso capturou a ambivalência sobre as mulheres nestas palavras:

> [Do ponto de vista deles] as mulheres eram criação
> de Deus, Sua boa dádiva aos homens — e a maldição
> do mundo. Elas eram fracas tanto na mente quanto
> no caráter — e demonstravam coragem destemida
> e assumiam prodigiosas características de erudição.
> Vaidosas, dissimuladas, transbordantes de luxúria, elas
> conduziam homens a Cristo, evitavam encontros sexuais,
> não oscilavam diante das ameaças dos executores e
> adornavam-se de pano de saco e cinzas.[6]

Você entendeu a ironia dessa declaração? Por toda a Idade Média, duas noções concorrentes sobre as mulheres prevaleceram. Uma era sobre a virgem Maria e outra sobre a prostituta. Enquanto algumas podiam fugir para os conventos e viver como freiras, a maioria simplesmente tinha de conviver com a inferioridade que amontoava todos os pecados dos homens sobre a cabeça das mulheres.

Por toda a história, o deus deste mundo tem atuado incansavelmente para humilhar a mulher. Se examinássemos as conquistas positivas para as mulheres durante a Reforma, ou durante a Renascença ou, ainda, no período do Iluminismo, encontraríamos algumas mudanças que trouxeram esperança, contudo poucas delas com efeitos positivos. A Reforma elevou as mulheres da condição de serem vistas como perigosas sedutoras, ao seu papel como esposas e mães respeitáveis. Porém, as manteve no patamar mais baixo de uma hierarquia ligada ao gênero, ditada por sua inferioridade natural. A Renascença beneficiou algumas mulheres ricas, mas não chegou às massas.

Os dogmas do Iluminismo proclamavam vida, liberdade e a busca pela felicidade para todos, entretanto, falhou em incluir as mulheres, os homens sem propriedades, os escravos, ou as crianças na igualdade que, insistiam, era universal. Na América do Norte, no século 19, as mulheres deram passos largos como agentes de mudança, atacando todos os tipos de males da sociedade. Mas lhes era negado o privilégio de votar até 1920; e ainda hoje não conseguiram pagamento igualitário pela realização do mesmo tipo de trabalho.

Então, onde estamos hoje?

Atualmente, nas culturas ocidentais, as mulheres desfrutam de liberdades que aquelas das eras prévias não poderiam imaginar. Os limites que nos eram impostos por sermos mulheres são mais sutis e, tendo em vista o que muitas mulheres em outras partes do mundo enfrentam diariamente, podem ser até triviais quando comparados. Contudo, isso não os minimiza. Nos Estados Unidos, foram precisos 72 anos para decretar a Ementa Dezenove que concede às mulheres o direito de votar, desde a primeira convenção que o exigia, em 1848, até sua promulgação, em 1920.

Uma coisa é os políticos reterem a igualdade total para as mulheres. Algo muito diferente é quando os cristãos o fazem. Os limites legítimos devem ser mantidos, mas, com frequência, os limites impostos sobre as mulheres nos círculos cristãos são construídos sobre fracas traduções e interpretações falhas das Escrituras. Em tais casos, os limites não são triviais quando impedem as mulheres de usar seus dons concedidos por Deus. Como isso pode se justificar?

Um argumento é que, sempre que falamos sobre homens e mulheres trabalhando juntos e liderando como iguais, estamos negando as diferenças fundamentais entre os sexos. O que é absolutamente falso. Estamos certas de que homens e mulheres não são iguais. Deus instituiu diferenças importantes em nós, desde o começo. Agora, no século 21, com capacidade de pesquisa aprimorada, vemos ainda mais claramente como algumas dessas diferenças complementares são essenciais para nossos esforços unidos. Por precisarmos uns dos outros, entendemos melhor a intenção divina de que deveríamos trabalhar e liderar juntos. Esconder-se por trás da noção de "unissex" não se ajusta aos fatos. É exatamente o diferente, edificado nos homens e mulheres, que sublinha nossa necessidade de trabalhar juntos como iguais: precisamos das contribuições peculiares do outro.

Conforme observado no capítulo 11, a intenção divina era de que homens e mulheres pudessem formar juntos a Aliança Abençoada, um relacionamento de trabalho em que cada um traria seus dons peculiares que Deus colocou dentro em nós para nos complementarmos. Foi esse o propósito em criar as mulheres como *ezers*, mulheres de força. O texto de Gênesis 2:18 deixa claro que Adão precisava de uma "ajudadora" que tivesse as forças que lhe faltavam, mas que seriam necessárias em seu trabalho no jardim. O importante é que precisamos um do outro. Complementamo-nos. Trabalhar e liderar juntos é parte de como portamos a imagem de nosso Deus Triúno. Extraímos nossos exemplos, não de filósofos pagãos ou de alguns dos Pais da Igreja, mas das Escrituras, onde homens e mulheres trabalham juntos em uma Aliança Abençoada.

Qual o papel do Espírito de Deus nisso? Jesus prometeu que o Espírito Santo nos guiaria na verdade (JOÃO 14:26) e nos daria poder para cumprir a vontade de Deus. Desde o começo (GÊNESIS 1:28), Deus deseja que trabalhemos juntos, o homem e a mulher *ezer*, como Priscila e Áquila. Como Andrônico e Júnia. Como Filemom e Áfia. O Espírito de Deus conduziu cada um deles a seus ministérios que, depois, se abriu a eles. Essa é obra do Espírito de Deus. Ele nos guia à verdade. Conduz-nos a desenvolver e a usar os dons do Espírito no ministério. Do começo ao fim, é o Espírito de Deus em ação em cada um de nós. Louvado seja Deus!

Questões para reflexão pessoal ou grupo de estudo

1. Um dos princípios de interpretação bíblica diz que devemos usar o contexto do texto para interpretá-lo. Esse princípio inclui o contexto imediato, o contexto histórico-cultural, e o contexto linguístico. Qual desses contextos você achou mais irrefutável ou mais útil quando leu sobre os dois textos (1 TIMÓTEO 2:12 E 1 CORÍNTIOS 11:3) usados para defender a ideia contrária à liderança da mulher na igreja? Quais percepções ou novas informações você adquiriu por ter entendido melhor o contexto?

2. A que ponto você diria que esses dois textos (1 TIMÓTEO 2:12; 1 CORÍNTIOS 11:3) moldaram suas próprias perspectivas sobre mulheres na liderança? Mudaram muito, não mudaram nada, ou algo entre os dois? De que formas sua compreensão sobre isso mudou ao longo do tempo?

3. O que mais se destacou sobre o legado que alguns Pais da Igreja e a teologia negativa sobre as mulheres que se desenvolveu como resultado disso? De que maneira você diria que esse legado continua a influenciar a visão e a prática cristã na contemporaneidade?

4. À medida que você reflete sobre o que leu neste livro, o que foi mais desafiador ou mais encorajador para você? Compartilhe as razões para sua resposta.

Reflexão pessoal

NOTAS

CAPÍTULO 1

1 Bauckham, Richard *Gospel Women: Studies of the named women in the Gospels* (Mulheres no evangelho: Estudos sobre as mulheres citadas nos evangelhos), Grand Rapids: Eerdmans, 2002, p. 196.

2 É importante observar que Deus responsabilizou Adão, e não Eva, pelo pecado no mundo visto que Deus dera a Adão a proibição sobre a Árvore do conhecimento do bem e do mal, antes que Eva fosse criada. Adão possuía, em primeira mão, a instrução de Deus que faltava a Eva.

CAPÍTULO 4

1 Wade, Rick *Persecution in the Early Church* (Perseguição na Igreja Primitiva), Probe Ministries, 1999.

2 Cohick, Lynn *Women in the world of the earliest Christians: Illuminating ancient ways of life* (As mulheres no mundo dos primeiros cristãos: Elucidando meios de vida da antiguidade, Grand Rapids: Baker Academic, 2009, p. 186.

CAPÍTULO 5

1 Scott, Anne Firor *On seeing and not seeing: A case of invisibility*, (Sobre ver e não ver: Um caso de invisibilidade), *The Journal of American History* 71:1, Junho 1984: 7-21.

2 Pry, Kay O. *Social and political roles of women in Athens and Sparta* (Papéis sociais e políticos das mulheres em Atenas e Esparta), *Sabre and Scroll* 1, nº2, 2012.

CAPÍTULO 6

1 Horrell, David G. Corinth, www.bibleodyssey.org/places/main-articles/corinth.

Notas

2 Thompson, J. A. *The Bible and archeology* (A Bíblia e a arqueologia), Grand Rapids: Eerdmans, 1962, p. 315.

3 Neste ponto, Silas e Timóteo finalmente haviam se encontrado com Paulo, estabelecendo uma equipe ministerial mais forte (ATOS 18:5).

4 Payne, Philip B. *Man and Woman: One in Crist: An exegetical and theological study of Paul's letters* (Homem e mulher: Um em Cristo: Um estudo exegético e teológico das cartas de Paulo), Grand Rapids: Zondervan, 2009, p. 64.

CAPÍTULO 7

1 As mulheres também estavam entre as funções de diácono na igreja em Éfeso. A erudita Linda Belleville escreve: "'Da mesma sorte, quanto a mulheres [diaconisas], é necessário que sejam elas respeitáveis, não maldizentes, temperantes e fiéis em tudo' (1 TIMÓTEO 3:11). Que Paulo está falando de mulheres em papéis reconhecidos de liderança é aparente não apenas pela listagem das credenciais, mas também pelo fato de essas credenciais serem réplicas daquelas mencionadas para os diáconos em 1 Timóteo 3:8-10. Também a ordem de palavras gregas de 1 Timóteo 3:8,11 é idêntica. 'Semelhantemente, quanto a diáconos [*diakonous hosautos*], é necessário que sejam respeitáveis, de uma só palavra, não inclinados a muito vinho [...] Da mesma sorte, quanto a mulheres [*gynaikas hosautos*], é necessário que sejam elas respeitáveis, não maldizentes, temperantes' (1 TIMÓTEO 3:8,11). Os escritores pós-apostólicos entenderam que Paulo falava de diaconisas. Clemente de Alexandria (segundo–terceiro século) diz, por exemplo: 'Pois sabemos que o honorável Paulo em uma de suas cartas a Timóteo prescreveu com relação às diaconisas.' [fn: Clemente de Alexandria, Stromateis 3.6.53]." (Belleville, Linda *"Women leaders in the Bible", Discovering biblical equality: complementarity without hierarchy* (Mulheres líderes na Bíblia, Descobrindo a igualdade bíblica: Complementaridade sem hierarquia), ed. Ronald W. Pierce e Rebecca Merrill Groothuis, Downers Grove, IL: InterVarsity Press, 2004, p. 122.

2 Extraí esses pontos de Payne, *Man and Woman*, pp. 454-59

3 Tertuliano, *Di Virginibus Velandis* 9:1.

4 Thayer, Joseph Henry *A Greek-English lexicon of the New Testament* (Um léxico grego-inglês do Novo Testamento), Nova Iorque: American Book Company, 1886, 549 pp.

5 Justino, o *Mártir Primeira apologia*, seção 65; citado em Catherine Clark Kroeger e Mary J. Evans, editores, *The IVP Women's Bible*

Commentary (Comentário bíblico das mulheres), Downers Grove, IL: InterVarsity Press, 2002, p. 644.

6 Citado em Payne, *Man and Woman*, p. 63.

CAPÍTULO 8

1 Traduções que usam Júnias: Almeida Revista e Atualizada (2009), NVI (2011), NVT (2011), King James Atualizada (2014). Traduções que usam Júnia: NTLH (2011), ARC (2009), A mensagem (2015), Bíblia de Jerusalém (2015).

2 Crisóstomo, *In ep. Ad Romanos* 31,2.

3 Se Andrônico e Júnia eram meramente admirados pelos apóstolos, o texto grego usaria preposições diferentes (*para, pros*) em vez das que estão no texto que, de fato, usa *en* com o plural. *En* com o plural sempre tem o sentido de estar *dentro* ou *entre* os apóstolos.

CAPÍTULO 9

1 Willard, Dallas *Conhecendo a Cristo hoje*, São Paulo: Ictus, 2011, p. 20.

CAPÍTULO 10

1 Essas comparações foram extraídas de Heifetz, Ronald *Leadership withou easy answers* (Liderança sem respostas fáceis). Cambridge, MA: Harvard University Press, 1994, pp.15-16.

2 Liefeld, Walter *Women and the nature of ministry* (As mulheres e a natureza do ministério), Journal of the evangelical theological society 30, n.º 1 (Março de 1987): 54.

CAPÍTULO 11

1 Aqui estão os versículos bíblicos onde *ezer* é traduzido como "ajuda", "auxílio", "socorro", "amparo", lembrando-nos de que Deus é aquele que se aproxima de nós em nossas fraquezas: Deuteronômio 33:7, 26,29; Salmo 20:2; 33:20; 70:5; 89:19; 115:9,10,11; 121:1,2; 124:8; 146:5; Oseias 13:9.

2 Payne, *Man and Woman*, 44.

3 fMRI (Ressonância magnética funcional), a DTI (Imagem por tensão difusional) e PET (Tomografia por emissão de pósitron).

4 McGilchrist, Iain *The master and his emissary: the divided brain and the making of western world* (O mestre e seu emissário: o cérebro

dividido e a formação do mundo occidental), New Haven, CT: Yale University Press, 2009, 428f.

5 James, Carolyn *Half the Church: Recapturing God's global vision for women* (Metade da Igreja: Recapturando a visão global de Deus para as mulheres), Grand Rapids: Zondervan, 2010, p. 140.

CAPÍTULO 12

1 Payne, *Man and Woman*, 320.

2 Veja Payne, *Man and Woman*, p. 376 por numerosas vezes Paulo usa essa palavra para expressar autoridade.

3 Bilezikian, Gilbert Beyond *Sex Roles* (Além dos papéis dos sexos), terceira edição, pp.105-6.

4 Insistir em que *kephale* quer dizer "autoridade sobre" em 1 Coríntios 11:3 cria um problema adicional porque implica que Cristo está subordinado a Deus na Trindade. Essa é uma questão à parte e relevante que agora está em discussão entre os eruditos. A maioria restringe essa subordinação à encarnação (vida terrena de Jesus), enquanto outros argumentam pela eterna subordinação de Cristo a Deus.

5 Veja em MacHaffie, Barbara *Her Story: Women in Christian Tradition* (A história delas: As mulheres na tradição cristã), Filadélfia: Fortress Press, 1986, p. 37.

6 Clark, Elizabeth *Women in the Early Church: Message of the Fathers of the Church* (As mulheres na Igreja Primitiva: Mensagens dos Pais da Igreja), Wilmington, DE: Glazier, 1983, p.15)

AGRADECIMENTOS

DESDE O COMEÇO nós — homens e mulheres — fomos chamados para trabalhar juntos para Cristo e Seu reino. Eu não teria tido a oportunidade de pesquisar e escrever este livro sem os homens que, ao longo dos anos, abriram portas de oportunidades para mim.

Minha dívida particular vai para Haddon Robinson que em 1980, como o novo presidente do Seminário Denver, arriscou-se ao me contratar para administrar o novo escritório de relações públicas da escola. Recém-chegada depois de 17 anos como missionária na Europa, eu não tinha a menor ideia sobre relações públicas e estivera fora do país e afastada da cultura americana por aproximadamente duas décadas. O que eu poderia acrescentar para aquele desafio? Haddon assegurou-me de que a escola me proveria treinamento para cobrir qualquer área que eu tivesse falta de conhecimento ou experiência. Sua confiança venceu minha relutância para adentrar ao novo território que, mais tarde, abriria portas para mim.

Anos mais tarde, quando o primeiro publicador da Discovery House Publisher, Bob DeVries, estava visitando o campus do Seminário Denver com o presidente Robinson, ele tomou conhecimento sobre os materiais de estudo bíblico que eu desenvolvera e que estava ensinando às mulheres. Pelo fato de Haddon e Bob se interessarem pelo meu trabalho, para minha surpresa, a Discovery House publicou aqueles materiais como meus primeiros

Agradecimentos

dois livros: *A mulher que Deus usa* (sobre as mulheres do Antigo Testamento e suas escolhas) usa e *A mulher a quem Jesus ensina* (sobre as mulheres nos evangelhos discipuladas por Jesus) [em português, publicado por Publicações Pão Diário, 2014].

Depois, em 1990, Haddon escancarou outra porta convidando-me para me unir a uma equipe para ensinar as Escrituras no programa diário *Discover the Word* (Descubra a Palavra). Nesse ponto, Mart DeHaan se tornou outro homem cujo encorajamento me sustentou ao longo dos 23 anos que trabalhamos juntos. Deus, por favor, abençoa Haddon, Mart e Brian, nosso produtor!

O plano divino em Gênesis 1:26-28 era que homens e mulheres trabalhassem juntos, ambos edificando suas famílias e no governo da Terra de Deus. Essa é a Aliança Abençoada, e eu pude escrever esse livro, pelo menos em parte, por causa de homens que entraram em minha vida como encorajadores e parceiros de ministério. A Aliança Abençoada tem habilitado ministros além de minha melhor imaginação. Assim, quero reconhecer meu débito com Haddon, Bob e Mart (e muitos outros): homens que estavam dispostos a se arriscar em uma aliança de trabalho que Deus escolheu abençoar.